Gregor Braun

Verstehensprozesse modellieren und analysieren

Gregor Braun

Verstehensprozesse modellieren und analysieren

Frank & Timme
Verlag für wissenschaftliche Literatur

ISBN 978-3-86596-452-6

Herstellung durch das atelier eilenberger, Taucha bei Leipzig.
Printed in Germany.
Gedruckt auf säurefreiem, alterungsbeständigem Papier.

www.frank-timme.de

INHALTSVERZEICHNIS

Zu diesem Buch

Dieses Buch entstand aus der von uns betreuten Masterarbeit von Gregor Braun und enthält seine Experimente auf der Basis unserer Konzeptionen. Wir waren und sind sehr angetan davon, wie Gregor Braun diese Ideen umgesetzt und in eigenen Programmen getestet hat. Außerdem schildert das Buch weitere Experimente, die wir mit verschiedenen Programmen durchgeführt haben. Es ging dabei immer um die Rekonstruktion verschiedener Kriminalgeschichten und um den Vergleich, wie menschliche Leser einerseits und die Programme aus dem Kontext der Künstlichen Intelligenz andererseits mit den Geschichten interpretatorisch umgingen. Es ist für uns sehr spannend, diese verschiedenen Experimente noch einmal zusammengefasst zu sehen. Auch dies ist Gregor Braun ausgesprochen gelungen.

Wir wünschen dem Buch den Erfolg, den es verdient; den Lesern wünschen wir, dass sie bei der Lektüre etwas von dem Vergnügen empfinden, das wir als Fans von Kriminalgeschichten sowohl bei der Konstruktion der Programme als auch bei den Experimenten mit zahlreichen Studierenden hatten.

Christina Klüver
Jürgen Klüver

Danksagung

Ich bedanke mich ganz herzlich bei Prof. Dr. Jürgen Klüver und PD Dr. Christina Klüver für die guten Ratschläge und die Unterstützung, die ich beim Schreiben dieses Buches erfahren habe.

Dank gilt auch dem Fischer Taschenbuch Verlag, mit dessen Erlaubnis die Geschichte "Die spanische Truhe" von Agatha Christie in diesem Buch abgedruckt werden durfte. Durch die Erlaubnis, diese Geschichte hier wiederzugeben, wird überhaupt erst ermöglicht, dass der Leser an einem in diesem Buch beschriebenen Experiment teilnehmen kann.

1 Künstliche neuronale Netze

1.1 Einleitung

Künstliche neuronale Netze gehören zum Gebiet der sog. Computational Intelligence und sind somit ein Teilgebiet der künstlichen Intelligenz. Es handelt sich dabei um selbstlernende Systeme, die u. a. überall dort eingesetzt werden können, wo ein System auf der Basis von Eingaben (Messwerte, historische Daten, etc.) fehlertolerante und intelligente Entscheidungen treffen soll. Neben diesen praktischen Anwendungen können künstliche neuronale Netze aber auch verwendet werden, um die Funktionen des Gehirns und die Verstehensprozesse des Menschen zu modellieren.

In der Informatik und den Ingenieurwissenschaften werden künstliche neuronale Netze vorwiegend zur Informationsverarbeitung verwendet. Die möglichen Aufgaben reichen hier von der fehlertoleranten Wiedererkennung von Mustern (wie z. B. Gesichtern auf einem digitalen Bild) über Diagnosen und das Finden von optimalen Lösungen (z. B. das Optimieren von Arbeitsplänen oder Reisewegen) bis hin zu Prognosen (Aktienkurse, Lastenprognose in Versorgungsnetzen, etc.).

Die Modellierung der Funktionen des Gehirns oder der Mechanismen der Nervensysteme des Menschen fällt in das Fachgebiet der Neurobiologie bzw. Psychologie. Hier werden künstliche neuronale Netze aufgrund ihrer Ähnlichkeit zu den biologischen Vertretern verwendet. Wie in späteren Kapiteln gezeigt wird, können künstliche neuronale Netze auch verwendet werden, um kognitive Leistungen des Menschen abzubilden und zu untersuchen.

Um die in diesem Buch vorgestellten Modelle besser verstehen zu können, ist es zunächst wichtig, die künstlichen neuronalen Netze als solche zu verstehen. Da es sich dabei um mathematische Modelle handelt, mit denen der eine oder andere Leser bisher noch keine Berührung hatte, wird dieses Kapitel auf einfache Weise erläutern, was künstliche neuronale Netze überhaupt sind und wie sie funktionieren.

Es sei an dieser Stelle darauf hingewiesen, dass es nicht darum geht, nach der Lektüre dieses Kapitels bereits in der Lage zu sein, eigene Modelle zu entwerfen oder gar zu programmieren. Es geht nur darum, zu verstehen, wie ein künstliches neuronales Netz funktioniert, damit die nachfolgenden Kapitel auch für Leser, die bisher keine praktischen Erfahrungen mit künstlicher Intelligenz oder künstlichen neuronalen Netzen gemacht haben, einfach verständlich sind.

Die in diesem Kapitel vorgestellten Modelle sind dabei bei weitem nicht vollständig. Es werden hier nur die Modelle beschrieben, die auch für die weiteren Kapitel von Belang sind. Würde man alle bisher entworfenen und verwendeten Modelle künstlicher neuronaler Netze beschreiben wollen, so könnte man damit ein eigenes Buch füllen (ein dickes Buch!).

Um die Einführung in die Welt der künstlichen neuronalen Netze abzuschließen, wird in diesem Kapitel auch erläutert, wie künstliche neuronale Netze trainiert werden und warum es "selbstlernend" heißt. Für das Training eines neuronalen Netzes wird i. d. R. eine sog. Lernregel verwendet. In den weiteren Kapiteln wird aber auch gezeigt, dass der Trainingsvorgang eines Netzes auch durchaus von Menschen übernommen werden kann, um auf diese Weise das, was der Mensch gelernt hat, in einem mathematischen Modell abzubilden.

Da es sich bei diesem Kapitel um eine erste Einführung in die künstlichen neuronalen Netze handelt, möchte ich an diesem Punkt Lesern, die bereits mit solchen Systemen gearbeitet haben und mit ihnen vertraut sind, empfehlen, das erste Kapitel zu überspringen und mit Kapitel zwei fortzufahren.

1.2 Biologisches Vorbild

Künstliche neuronale Netze bestehen aus künstlichen Neuronen die untereinander verbunden sind. Der Aufbau und die Arbeitsweise eines künstlichen Neurons basiert dabei auf dem biologischen Neuron (oder auch Nervenzelle) des Gehirns. Analog basieren auch die Mechanismen eines künstlichen neuronalen Netzes auf den Funktionen des menschlichen Gehirns.

Ein biologisches Neuron besteht aus den sog. Dendriten, einer Art Empfänger für die Signale anderer Neuronen, dem Soma (oder auch Zellkern), dem Axon, das ein Signal weiterleitet, sowie den Synapsen, die als Sender des Neurons verstanden werden können. (vgl. Kruse et al., 2011) Eine vereinfachte Skizze ist in Abb. 1 dargestellt.

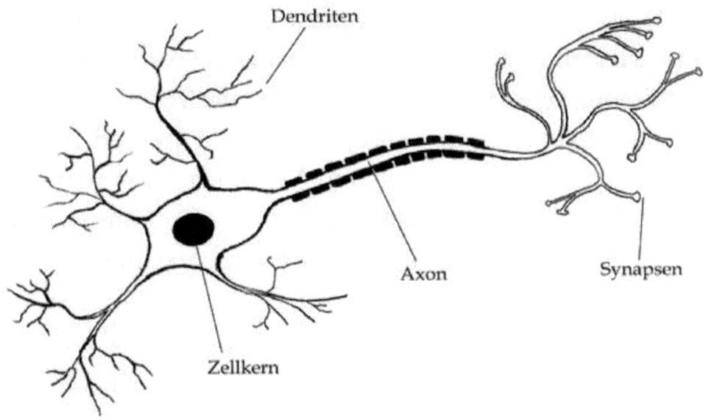

Abbildung 1: Aufbau eines Neurons

Ein Neuron erhält Signale über die Synapsen anderer Neuronen, die mit den Dendriten des empfangenden Neurons verbunden sind. Diese Signale können sich verstärkend oder hemmend auf die Aktivität des Zellkerns auswirken. Wird eine bestimmte Aktivität des Zellkerns erreicht oder überschritten, so wird ein Signal über das Axon des Neurons zu den Synapsen geleitet. Die Synapsen haben wiederum mit anderen Neuronen Verbindungen (zu deren Dendriten) und senden ein verstärkendes oder hemmendes Signal an diese.

Diese Eigenschaften alleine erklären aber noch nicht die Lernfähigkeit des menschlichen Gehirns. Wären sämtliche Verbindungen aller Neuronen untereinander bereits von Geburt an unveränderlich gegeben, so wäre auch jegliche Intelligenz bereits vorhanden und es könnte nichts Neues gelernt werden. Es muss also eine Möglichkeit geben, die Verbindungen der Neuronen untereinander zu verändern. In diesem Zusammenhang hat Donald Hebb 1949 eine Lernregel postuliert, die wie folgt lautet:

"When an Axon of a cell A is near enough to excite a cell B and repeatedly or persistently takes part in firing it, some growth or metabolic change takes place in one or both cells, so that A's efficiency as one of the cells firing B, is increased." (Hebb 1949, 50)

Frei übersetzt bedeutet das Folgendes: Ein Neuron B, das immer wieder Signale an ein Neuron A sendet, erfährt eine Veränderung der Verbindung zu Neuron A. Diese Veränderung bewirkt, dass die Signale, die von B gesendet werden, von A effizienter aufgenommen werden. Erhält ein Neuron A von einem Neuron B also öfter Signale, als von anderen Neuronen, so werden die Signale von Neuron A auch immer stärker aufgenommen. Man könnte auch sagen, sie werden stärker gewichtet, als die Signale von Neuronen, die weniger häufig senden.

Mit dieser Überlegung formulierte Donald Hebb bereits eine erste Lernregel, die für künstliche neuronale Netze verwendet wird, die sog. Hebb-Lernregel.

Um ein künstliches neuronales Netz zu erstellen, ist es nun zunächst nötig, ein formales Modell des Neurons zu haben, um künstliche Neuronen erzeugen zu können. Aus diesen kann dann später das Netz erstellt werden. Dieses formale Modell wird im folgenden Unterkapitel vorgestellt.

1.3 Formales Modell des Neurons

Nach dem Modell von McCulloch und Pitts (1943) ist ein Neuron eine Art Addierer, welches die über seine Dendriten empfangenen Signale anderer Neuronen gewichtet aufsummiert. (vgl. McCulloch, Pitts, 1943) Dabei hat jedes eingehende Signal eine eigene Gewichtung. Die Summe dieser Signale ist dann ausschlaggebend dafür, ob das Neuron selber ein Signal "feuert", oder ob es nichts sendet.

Das Neuron hat also eine Anzahl an Eingängen, über welche die Signale anderer Neuronen aufgenommen werden. Jedes dieser Signale hat eine Gewichtung, die angibt, wie effizient das Signal über diesen Eingang aufgenommen wird. Alle diese gewichteten Signale werden im Zellkern aufsummiert. Dieses gewichtete Aufsummieren wird als sog. Eingabefunktion des Neurons bezeichnet.

Um eine Aktivierung des Zellkerns in Form einer Zahl ausdrücken zu können, wird eine Aktivierungsfunktion benötigt, die aus den aufsummierten Eingaben des Neurons den Aktivierungswert des Zellkerns berechnet.

Über den Aktivierungswert wird anschließend bestimmt, ob das Neuron ein Signal sendet, oder nicht. Dazu wird eine Ausgabefunktion verwendet, welche den Aktivierungswert erhält, um daraus die Ausgabe des Neurons zu berechnen.

Das künstliche Neuron besteht also aus drei Funktionen, der Eingabefunktion, der Aktivierungsfunktion und der Ausgabefunktion. Als Eingabefunktion wird im Allgemeinen immer die gewichtete Aufsummierung verwendet, während für die Aktivierungsfunktion und die Ausgabefunktion beliebige mathematische Funktionen verwendet werden können. Ein entsprechendes Modell ist in Abbildung 2 dargestellt.

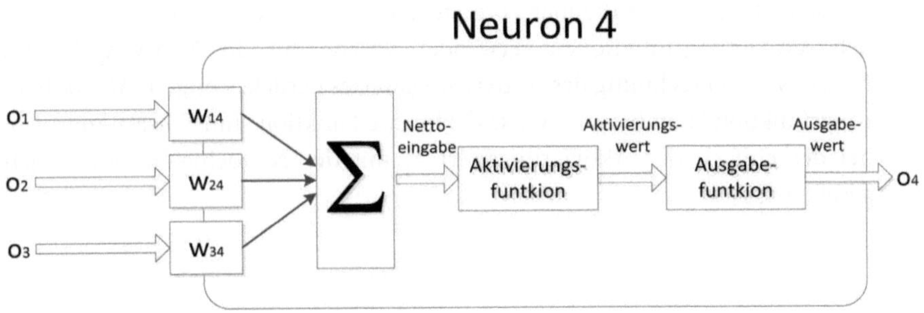

Abbildung 2: Formale Darstellung eines Neurons

In der Abbildung stellen die verschiedenen w_{x4} die Gewichtungen der eingehenden Signale dar. Die vier gibt ab, dass es sich beim empfangenden Neuron um Neuron 4 handelt, während das x angibt, welches das sendende Neuron ist. Das Gewicht w_{14} ist also das Gewicht, mit dem das Signal von Neuron 1 gewichtet (multipliziert) wird, bevor es mit den anderen eingehenden Signalen aufsummiert wird.

Die mathematischen Funktionen, die das künstliche Neuron verwendet, können beliebig festgelegt werden. Die Eingabefunktion ist aber, wie bereits erwähnt, in der Regel die beschriebene Aufsummierung der gewichteten, eingehenden Signale, die formal wie folgt aussieht:

$$net_j = \sum w_{ij} * o_i$$

Die Summe der eingehenden, gewichteten Signale o_i des Neurons j wird Nettoeingabe genannt, die in der oben angegebenen Formel mit net_j bezeichnet wird.

Die Nettoeingabe dient nun als Eingabewert für die Aktivierungsfunktion. Eine weitere Eingabe für die Aktivierungsfunktion kann außerdem der Aktivierungswert sein, der im Neuron vorlag, bevor der neue Wert berechnet wurde. Durch die Berücksichtigung des vorherigen Aktivierungswertes kann beispielsweise modelliert werden, dass ein Neuron, nachdem es aktiv war, diese Aktivierung nicht auf einen Schlag verliert, sondern die Aktivierung langsam abklingt. Für die hier vorgestellten Modelle werden aber ausschließlich Aktivierungsfunktionen verwendet, welche nur die Nettoeingabe des Neurons zur Berechnung des Aktivierungswertes berücksichtigen. Als Aktivierungsfunktion kann beispielsweise die lineare Funktion zum Einsatz kommen, bei der einfach der Aktivierungswert a_j mit der Nettoeingabe net_j gleich gesetzt wird:

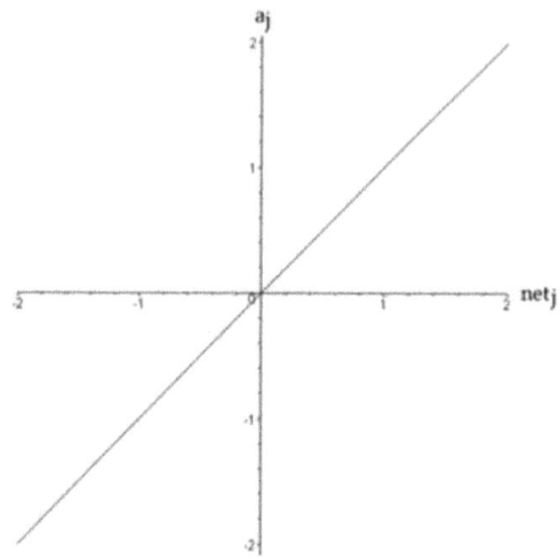

$$net_j = a_j$$

Abbildung 3: Lineare Aktivierungsfunktion

Eine zweite, häufig verwendete, Aktivierungsfunktion ist die sog. sigmoide Aktivierungsfunktion. Sie hat Grenzwerte, denen sie sich asymptotisch nähert, wodurch verhindert wird, dass ein Neuron zu große oder zu kleine Aktivierungswerte annehmen kann.

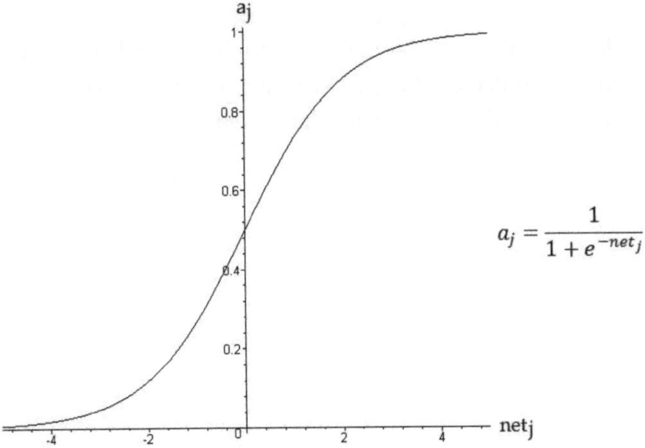

Abbildung 4: Sigmoide Aktivierungsfunktion

Verwendet man die lineare Aktivierungsfunktion, so kann es sein, dass bei immer größer werdenden Netzen die Summe der Signale irgendwann sehr groß wird. Addiert man diese immer weiter auf, so wird der Aktivierungswert der nachstehenden Neuronen immer größer. Um zu verhindern, dass der Aktivierungswert beliebig groß wird (da auch speziell Programmierer nicht die besten Freunde beliebig großer Zahlen sind, weil Rechner diese einfach irgendwann nicht mehr abbilden können), wird die sigmoide Aktivierungsfunktion verwendet, um den Aktivierungswert zwischen null und eins zu halten. Das entspricht auch eher dem natürlichen Vorbild, da Neuronen auch nicht beliebig große Aktivierungen annehmen können.

Die Ausgabefunktion ist eine Funktion von a_j und genau wie bei der Aktivierungsfunktion kann hier beispielsweise die lineare Funktion verwendet werden. In diesem Fall würde der Aktivierungswert einfach an die nachstehenden Neuronen weitergeleitet werden. Eine andere häufig verwendete Funktion, die sog. Schwellenwert-Funktion, würde dem anfangs beschriebenen Modell hingegen eher entsprechen. Bei der Schwellenwert-Funktion wird, wie der Name schon sagt, eine Schwelle festgelegt. Wird diese Schwelle erreicht oder überschritten, so wird die Ausgabe des Neurons auf einen bestimmten Wert gesetzt (z. B. eins). Bei unterschreiten der Schwelle wird die Ausgabe des Neurons auf einen anderen Wert gesetzt (z. B. null, wenn das Neuron nichts senden soll, solange die Schwelle nicht erreicht wurde). Wird beispielsweise eine binäre Ausgabe der Neuronen gewünscht, könnte man einen Schwellenwert von 0,5 wählen. Wird diese Schwelle erreicht oder überschritten, ist der Ausgabewert 1, wird er unterschritten, ist der Ausgabewert 0. Die entsprechende Schwellenwert-Funktion würde wie folgt aussehen:

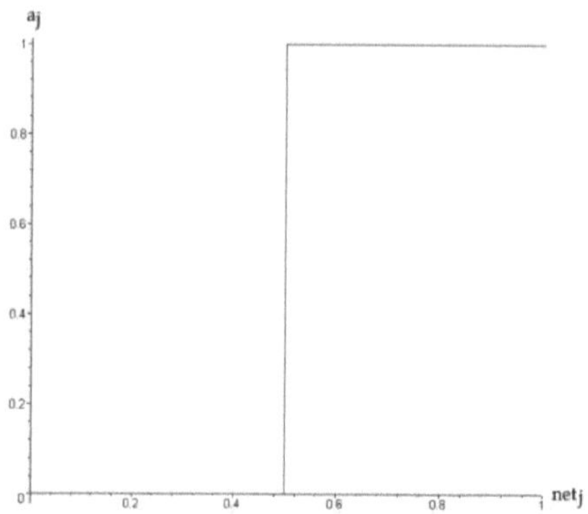

Abbildung 5: Schwellenwert-Funktion

Um von den theoretischen mathematischen Beschreibungen abschließend ein wenig Abstand zu nehmen, soll das formale Modell eines Neurons hier noch einmal an einem parktischen Beispiel verdeutlicht werden. In der folgenden Abbildung ist das Neuron Nummer 4 eines Netzes dargestellt (so, wie aus Abbildung 2 bereits bekannt, hier aber mit konkreten Werten und Funktionen). Die Neuronen 1, 2 und 3 können über Verbindungen Signale an Neuron 4 senden, die entsprechend gewichtet werden.

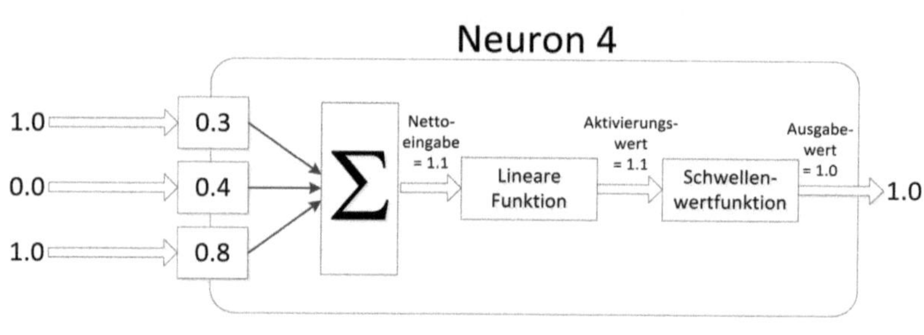

Abbildung 6: Beispiel der Berechnung der Zustände eines künstlichen Neurons

Die Neuronen 1 und 3 haben einen Ausgabewert von 1.0, Neuron 2 einen von 0.0. Die Nettoeingabe von Neuron 4 berechnet sich wie beschrieben aus den aufsummierten, gewichteten Eingangssignalen (welche die Ausgabewerte der sendenden Neuronen sind).

Ausgabe von 1 * Gewicht(1 sendet an 4) = $o_1 * w_{14}$ = 1.0 * 0.3 = 0.3
Ausgabe von 2 * Gewicht(2 sendet an 4) = $o_2 * w_{24}$ = 0.0 * 0.4 = 0.0
Ausgabe von 3 * Gewicht(3 sendet an 4) = $o_3 * w_{34}$ = 1.0 * 0.8 = 0.8
Summe = 0.3 + 0.0 + 0.8 = 1.1

Neuron 4 hat also eine Nettoeingabe von 1.1. In Abbildung 6 ist angegeben, dass die lineare Aktivierungsfunktion verwendet wird, daher gilt Aktivierungswert = Nettoeingabe = 1.1. Als Ausgabefunktion wird eine Schwellenwertfunktion verwendet. Die Schwelle ist 0.5, wobei der Ausgabewert vor der Schwelle 0.0 und ab erreichen der Schwelle 1.0 sein soll. Da 1.1 größer ist als die Schwelle, hat das Neuron einen Ausgabewert von 1.0, den es an die nachstehenden Neuronen sendet.

1.4 Aufbau künstlicher neuronaler Netze

Ein künstliches neuronales Netz ist, wie der Name schon sagt, ein Netz aus künstlichen Neuronen. Dabei werden die einzelnen künstlichen Neuronen des Netzes in Schichten unterteilt. Die Anzahl der Schichten pro Netz beginnt bei einer Schicht und kann beliebig erweitert werden. Die oberste Schicht des Netzes dient dabei als Eingabeschicht und die unterste Schicht des Netzes als Ausgabeschicht. Bei einschichtigen Netzen ist diese einzige Schicht entsprechend sowohl Eingabeschicht, als auch Ausgabeschicht.

Die Eingabeschicht dient als Schnittstelle des Netzes zur Außenwelt. Die Neuronen dieser Schicht erhalten ihre Eingabesignale nicht durch andere Neuronen, sondern durch die Umwelt. Hier werden die Informationen, die das künstliche neuronale Netz bearbeiten oder lernen soll (Messwerte, Aktienkurse, Bilddaten, etc.) eingegeben.

Die Ausgabeschicht ist ebenso eine Schnittstelle zur Außenwelt, über die das künstliche neuronale Netz ein Ergebnis an die Außenwelt mitteilen kann. Die Ausgabewerte der Ausgabeneuronen müssen ggf. noch in eine andere Form übersetzt werden. Schätzt ein künstliches neuronales Netz beispielsweise den Fruchtsaftgehalt von Organgensaft anhand seiner Farbe, so könnte dieses Netz ein einzelnes Ausgabeneuron haben, das einen Wert zwischen 0.0 und 1.0 liefert. Diese Ausgabe muss nun möglicherweise mit 100 multipliziert werden, und ergibt dann den Prozentwert des Fruchtsaftanteils.

Sowohl die Eingabe in ein neuronales Netz als auch die Ausgabe können hierbei als Vektoren dargestellt werden. Hat ein neuronales Netz sieben Eingabeneuronen in der Eingabeschicht und drei Ausgabeneuronen in der Ausgabeschicht, so ließe sich eine Eingabe des Netzes als Vektor mit sieben Komponenten angeben. Die Ausgabe des Netzes wäre dann ein Ausgabevektor mit drei Komponenten.

Je nach Richtung der Verbindungen zwischen den Neuronen unterscheidet man zwischen feedforward und feedback Netzen. Bei feedforward Netzen gibt es ausschließlich Verbindungen in Richtung Ausgang. Abbildung 7 zeigt ein dreischichtiges feedforward Netz mit jeweils vier Neuronen in jeder Schicht.

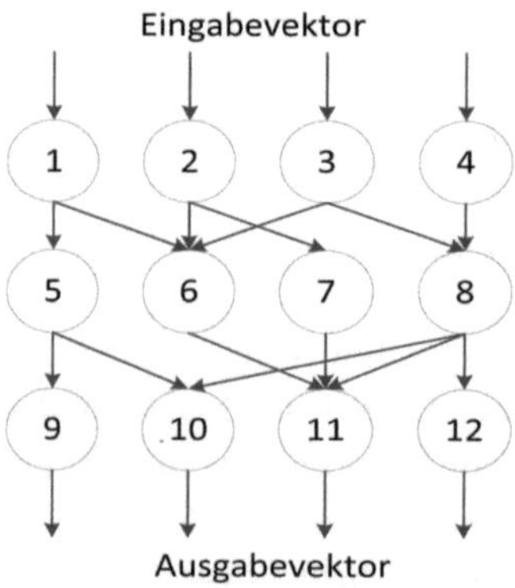

Abbildung 7: Beispiel feedforward Netz

Keines der Neuronen der Ausgabeschicht sendet Signale an Neuronen der Zwischenschicht und die Neuronen der Zwischenschicht wiederum senden keine Signale an die Eingabeneuronen. Bei feedback Netzen hingegen können diese rückwärts gerichteten Verbindungen vorkommen.

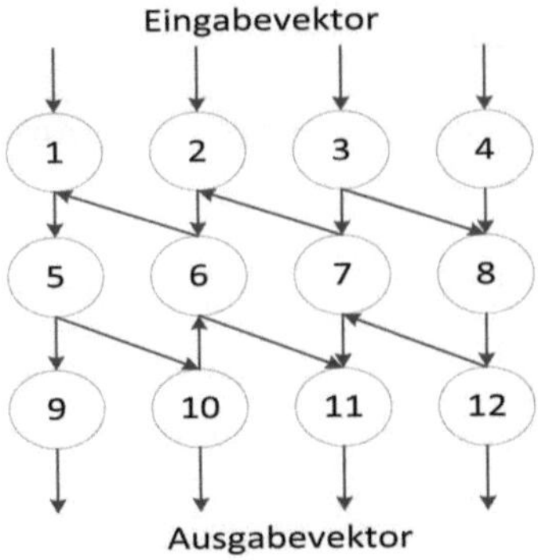

Abbildung 8: Beispiel feedback Netz

In Abbildung 8 ist ein solches feedback Netz zu sehen. Es enthält auch vier Neuronen in jeder der drei Schichten. Hier senden allerdings die Neuronen 10 und 12 der Ausgabeschicht Signale an Neuronen der Zwischenschicht, welche wiederum an Neuronen der Eingabeschicht Signale senden.

In den Kapiteln zwei und drei werden zur Modellierung sowohl feedforward als auch feedback Netze verwendet. Wie eine konkrete Berechnung dieser Netze aussieht wird mit einfachen Beispielen in Kapitel 1.6 Feedforward Netze und in Kapitel 1.7 Feedback Netze gezeigt.

Das folgende Beispielnetz soll abschließend verdeutlichen, wie man sich die Kommunikation zwischen der Umwelt und einem künstlichen neuronalen Netz vorstellen kann.

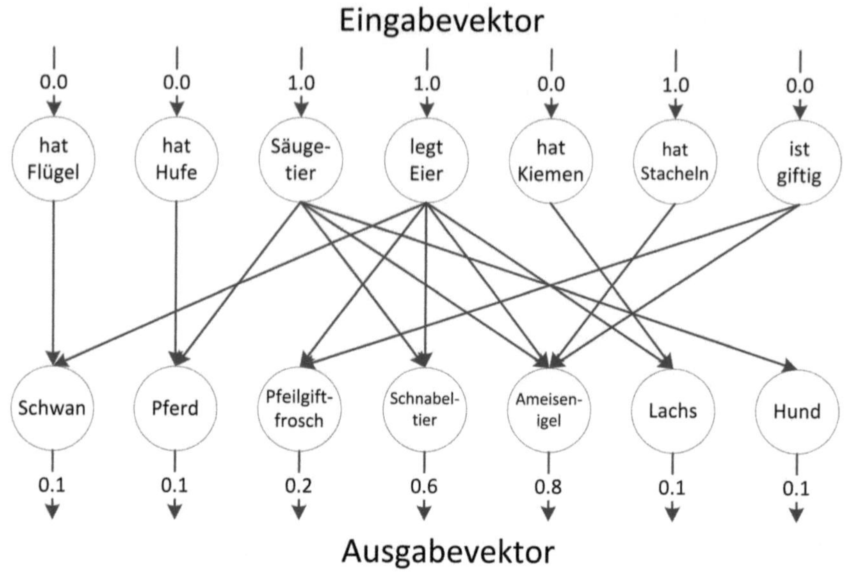

Abbildung 9: Beispielnetz "Tiererkennung"

Abbildung 9 zeigt ein zweischichtiges Netz mit sieben Eingabeneuronen und sieben Ausgabeneuronen. Die Eingabeschicht als Schnittstelle zur Außenwelt soll übergeben bekommen, welche der folgenden sieben Eigenschaften auf ein Tier zutreffen: "hat Flügel", "hat Hufe", "ist ein Säugetier", "legt Eier", "hat Kiemen", "hat Stacheln", "ist giftig". Die Ausgabeschicht soll nach außen mitteilen, um welches der folgenden sieben Tiere es sich handelt: "Schwan", "Pferd", "Pfeilgiftfrosch", "Schnabeltier", "Ameisenigel", "Lachs" oder "Hund".

Ein Computer könnte nun beispielsweise die nötigen Eingaben über einen Dialog von einem Benutzer fordern und ihn fragen, ob das Tier Flügel hat, Hufe besitzt, etc. Dieser würde entsprechend "ja" oder "nein" eingeben. Damit das Netz diese Eingaben verwerten kann, wird ein ja z. B. zu einer 1.0, während ein nein zu einer 0.0 übersetzt wird. So entsteht ein Eingabevektor, der wie folgt aussehen könnte: (0.0, 0.0, 1.0, 1.0, 0.0, 1.0, 0.0). Das würde bedeuten, dass gesuchte Tier hat weder Flügel noch Hufe, ist ein eierlegendes Säugetier, besitzt keine Kiemen, hat Stacheln und ist nicht giftig. Das Netz führt nun mit dem Eingabevektor die entsprechenden Berechnungen aus und liefert einen Ausgabevektor, der anschließend noch interpretiert werden muss. Eine solche

Interpretation könnte zum Beispiel sein, dass das Neuron mit dem höchsten Ausgabewert das gesuchte Tier angibt. Der Ausgabevektor zum beschriebenen Eingabevektor könnte wie unten dargestellt aussehen:

(Schwan, Pferd, Pfeilgiftfrosch, Schnabeltier, Ameisenigel, Lachs, Hund)
(0.1 , 0.1 , 0.2 , 0.6 , 0.8 , 0.1 , 0.1)

In diesem Fall wäre die Ausgabe des Netzes zu interpretieren als "Das Tier ist ein Ameisenigel", was der erwähnte Computer seinem Benutzer auf dem Bildschirm ausgeben könnte. Aus dem Ausgabevektor kann aber auch ggf. herausgelesen werden, dass sich Schnabeltier und Ameisenigel wohl sehr ähnlich sein müssen. In der Tat sind Ameisenigel, die ebenso wie Schnabeltiere zu den eierlegenden Säugetieren gehören, die nächsten Verwandten der Schnabeltiere. Allerdings haben sie statt eines giftigen Stachels am hinteren Fußgelenk eine ganze Menge ungiftiger Stacheln auf dem Rücken, wodurch das Netz in der Lage war, beide Arten doch noch zu unterscheiden. Dieses Modell ist aber natürlich nur ein einfaches Beispiel, um die Arbeitsweise von künstlichen neuronalen Netzen zu verdeutlichen.

Um die entsprechenden Berechnungen durchführen zu können, deren Ergebnis der Ausgabevektor war, müssen die Gewichte der einzelnen Verbindungen zwischen den Neuronen des Netzes bekannt sein. Diese Gewichte werden in einer sog. Gewichtsmatrix gespeichert, die im nächsten Unterkapitel beschrieben wird.

1.5 Die Gewichtsmatrix

In der Gewichtsmatrix eines künstlichen neuronalen Netzes kann abgelesen werden, welches Gewicht jede einzelne Verbindung im Netz hat. Es gibt in der Gewichtsmatrix jeweils eine Zeile und eine Spalte für jedes Neuron des Netzes. Die Nummer der Zeile gibt dabei an, welches Neuron das sendende Neuron ist, und die Spalte, welches Neuron das empfangende Neuron ist. Gibt es zwischen zwei Neuronen keine Verbindung, so wird der entsprechende Gewichtswert einfach mit null angegeben. Zur weiteren Beschreibung soll hier ein zweischichtiges Netz dienen, mit je 3 Neuronen pro Schicht. Die dazu gehörende Matrix ist eine 6 x 6 - Matrix (siehe Abb. 10 und Tabelle 1).

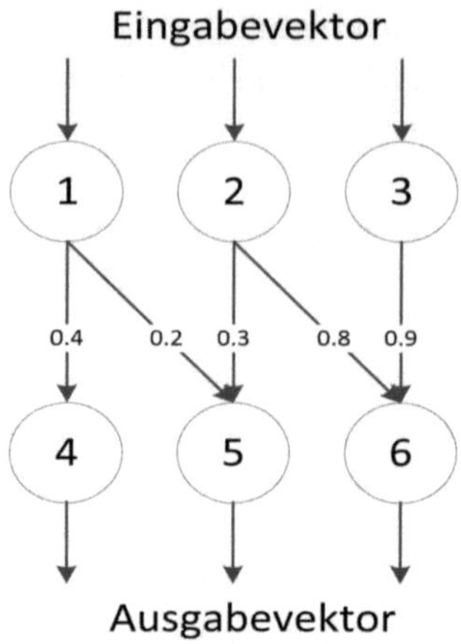

Abbildung 10: Beispielnetz mit Gewichtswerten

Tabelle 1: Gewichtsmatrix zum Netz aus Abbildung 10

	1	2	3	4	5	6
1	0.0	0.0	0.0	0.4	0.2	0.0
2	0.0	0.0	0.0	0.0	0.3	0.8
3	0.0	0.0	0.0	0.0	0.0	0.9
4	0.0	0.0	0.0	0.0	0.0	0.0
5	0.0	0.0	0.0	0.0	0.0	0.0
6	0.0	0.0	0.0	0.0	0.0	0.0

Der Matrix kann entnommen werden, dass die Signale, die von Neuron 1 an Neuron 4 gesendet werden, mit dem Faktor 0.4 gewichtet werden, da die entsprechende Komponente w_{14} der Gewichtsmatrix den Wert 0.4 hat.

Aus der Gewichtsmatrix eines Netzes können sofort einige Eigenschaften des Netzes abgelesen werden, wie z. B., ob es sich um ein feedforward Netz oder um ein feedback Netz handelt. Da in einem feedforward Netz keine rückwärts gerichteten Verbindungen erlaubt sind, dürfen in der zugehörigen Matrix nur Verbindungen oberhalb der Hauptdiagonalen ungleich null sein.

Tabelle 2: Gewichtswerte eines feedforward Netzes mit sechs Neuronen

	1	2	3	4	5	6
1	0.0	W_{12}	W_{13}	W_{14}	W_{15}	W_{16}
2	0.0	0.0	W_{23}	W_{24}	W_{25}	W_{26}
3	0.0	0.0	0.0	W_{34}	W_{35}	W_{36}
4	0.0	0.0	0.0	0.0	W_{45}	W_{46}
5	0.0	0.0	0.0	0.0	0.0	W_{56}
6	0.0	0.0	0.0	0.0	0.0	0.0

Die Werte auf der Hauptdiagonale werden als "Selbstreferenz" bezeichnet. Sind diese Werte verschieden von null, so sendet das entsprechende Neuron an sich selbst.

Da bei den meisten zweischichtigen Netzen keine Verbindungen innerhalb einer Schicht zugelassen sind (z. B. von Eingabeneuron zu Eingabeneuron), stehen bei feedforward Netzen i. d. R. eine ganze Menge Nullen in der Gewichtsmatrix. Daher wird statt der kompletten Gewichtsmatrix in solchen Fällen oft nur eine Teilmatrix angegeben, die genau die Werte enthält, die sich von null unterscheiden können. Dabei handelt es sich um einen Teil, der oben rechts in der Gewichtsmatrix zu finden ist. Da diese kürzere und übersichtlichere Schreibweise auch in diesem Buch verwendet wird, soll die folgende Abbildung verdeutlichen, wo diese Teilmatrix für das eingangs beschriebene Netz mit 6 Neuronen zu finden ist.

	1	2	3	4	5	6
1	0.0	0.0	0.0	W_{14}	W_{15}	W_{16}
2	0.0	0.0	0.0	W_{24}	W_{25}	W_{26}
3	0.0	0.0	0.0	W_{34}	W_{35}	W_{36}
4	0.0	0.0	0.0	0.0	0.0	0.0
5	0.0	0.0	0.0	0.0	0.0	0.0
6	0.0	0.0	0.0	0.0	0.0	0.0

	4	5	6
1	W_{14}	W_{15}	W_{16}
2	W_{24}	W_{25}	W_{26}
3	W_{34}	W_{35}	W_{36}

Abbildung 11: Verkürzte Darstellung der Gewichtsmatrix

1.6 Feedforward Netze

Unter feedforward Netzen sind künstliche neuronale Netze zu verstehen, deren Informationsfluss immer in Richtung Ausgang gerichtet ist. Es gibt also in einem solchen Netz keine Neuronen, die in eine darüber liegende Schicht oder in Richtung Eingang Signale senden. In den meisten Fällen bestehen feedforward Netze aus zwei oder drei Schichten von Neuronen. Es können aber auch durchaus mehr Schichten vorhanden sein.

Bei einem zweischichtigen feedforward Netz sind üblicher Weise alle Verbindungen erlaubt, die von einem beliebigen Neuron der Eingabeschicht zu einem beliebigen Neuron der Ausgabeschicht führen. Sollten alle diese Verbindungen tatsächlich einen Gewichtswert haben, der sich von null unterscheidet, spricht man von einem vollvermaschten Netz (siehe Abb. 12, links).

Dreischichtige feedforward Netze gelten als vollvermascht, wenn es sowohl von jedem Eingabeneuron zu jedem Zwischenschichtneuron als auch von jedem Zwischenschichtneuron zu jedem Ausgabeneuron eine Verbindung gibt. Außerdem ist es möglich, Verbindungen von den Eingabeneuronen direkt zu den Ausgabeneuronen zu erlauben. Solche Verbindungen werden "Shortcuts" genannt, da sie die Zwischenschicht überbrücken (siehe Abb. 12, rechts).

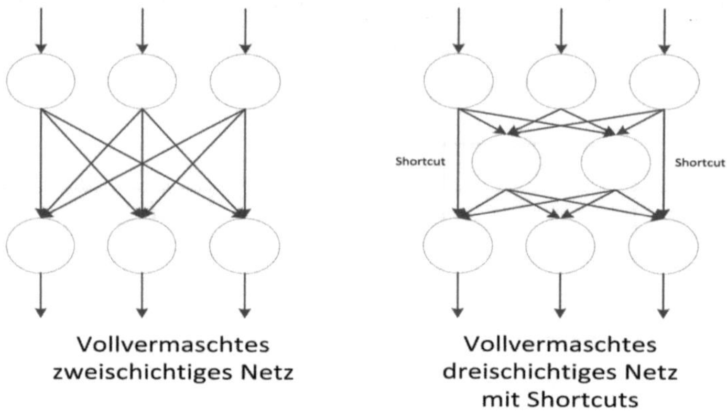

Abbildung 12: Vollvermaschte Netze und Shortcuts

Nachfolgend soll gezeigt werden, was im Inneren eines künstlichen neuronalen Netzes mit feedforward Architektur abläuft, wenn zu einem Eingabevektor ein Ausgabevektor berechnet wird. Dazu soll das Beispielnetz aus Abbildung 13 dienen.

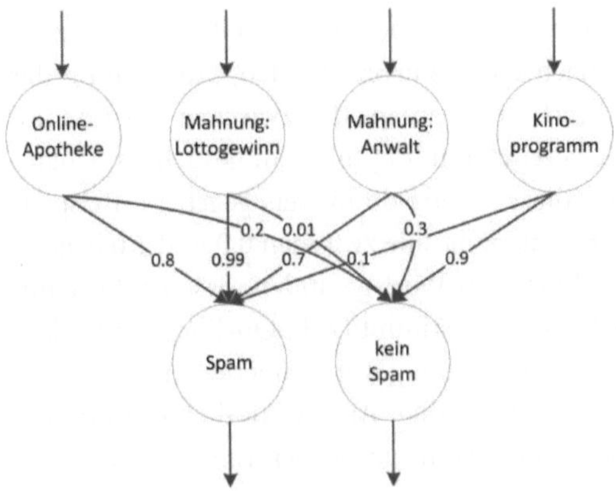

Abbildung 13: Beispielnetz "Spam-Filter"

Das abgebildete Netz ist ein sehr einfacher Spam-Filter. Es hat 4 Eingabeneuronen, denen jeweils bestimmte Schlagworte zugeordnet sind, die mit einer bestimmten Wahrscheinlichkeit auf "Spam" oder "kein Spam" hinweisen. In welchem Maß ein Schlagwort auf das eine oder das andere hinweist, kann an den jeweiligen Verbindungen zu den beiden Ausgabeneuronen abgelesen werden, die für die Eigenschaften "Spam" und "kein Spam" stehen. Diese Gewichte können für jeden Benutzer eines solchen Netzes individuell sein, da sie durch die jeweils bei einem Benutzer eingehenden Emails trainiert werden. Bei dem einen Nutzer weist das Schlagwort "Online-Apotheke" ggf. eher auf Spam hin, als bei einem anderen Nutzer, der tatsächlich bei einer Online-Apotheke einkauft.

Das Netz braucht nun als Eingabe einen vierdimensionalen Eingabevektor, der die Werte für die Eingabeschicht des Netzes enthält. Dieser kann beispielsweise in einer einfachen Variante generiert werden, indem für jedes Schlagwort geprüft wird, ob es in einer zu klassifizierenden Email enthalten ist, oder nicht. Ist das Schlagwort enthalten, wird die entsprechende Komponente auf 1.0 gesetzt, andernfalls auf 0.0. Jeder, der sich einmal Spam-Mails genauer angeschaut hat, wird aber merken, dass diese einfache Variante nicht ausreicht, da in Spam-Mails entsprechende Schlagworte in der Regel verfälscht werden, damit Schlagwort-Filter diese nicht finden können. Eine bessere Methode wäre also, zu bestimmen, ob es Worte gibt, die so ähnlich aussehen, wie die gesuchten Schlagworte. Zu diesem Zweck kann man sich der sog. Levenshtein-Distanz bedienen, die eine Ähnlichkeit zwischen zwei Worten angibt. Es ist möglich, nach einer entsprechenden Umformung der Levenshtein-Distanz auf einen Wert zu kommen, der zwischen 0.0 und 1.0 liegt, welcher der prozentualen Übereinstimmung mit dem gesuchten Schlagwort entspricht. Man erhält nach dieser Methode für das gegebene Beispielnetz einen Eingabevektor mit vier Zahlen, die alle zwischen 0.0 und 1.0 liegen.

Wurde beispielsweise in einer Email ein Wort gefunden, dass zu 80 % mit dem Schlagwort "Online-Apotheke" übereinstimmt (z. B. On-line Abothecke), ein weiteres, dass zu 75 % mit "Mahnung: Lottogewinn" übereinstimmt, sowie eines mit 40 % Übereinstimmung zu "Mahnung: Anwalt" und eines mit 20 % Übereinstimmung zu "Kinoprogramm", dann würde der Eingabevektor wie folgt aussehen:

(0.8, 0.75, 0.4, 0.2)

Für die Neuronen des Netzes soll gelten, dass sie die lineare Funktion sowohl als Aktivierungsfunktion, als auch als Ausgabefunktion verwenden. In diesem Fall wird der Ausgabevektor des Netzes wie folgt berechnet:

Man geht die einzelnen Neuronen entsprechend ihrer Nummerierung aufsteigend schichtenweise durch. Neuron 1 bekommt eine externe Eingabe vom System mit dem Wert 0.8 aus dem Eingabevektor. Diesen Wert leitet Neuron 1 als Ausgabewert weiter. Ebenso erhalten die Neuronen 2, 3 und 4 eine externe Eingabe (0.75, 0.4 und 0.2, wie im Eingabevektor festgelegt) und leiten den Wert entsprechend als Ausgabe weiter. Als nächstes werden die Neuronen der Ausgabeschicht berechnet. Aufgrund der feedforward Architektur liegen nun alle Ausgabewerte der Neuronen, die an Neuron 5 senden, bereits vor. Der Eingabewert (oder auch Nettoinput) berechnet sich aus der Summe der eingehenden Signale (Ausgabewerte der Neuronen 1, 2 und 3) multipliziert mit der jeweiligen Gewichtung.

$$net_5 = 0.8 * 0.8 + 0.75 * 0.99 + 0.4 * 0.7 + 0.2 * 0.1 = 1.6825$$

Da als Aktivierungsfunktion und Ausgabefunktion die lineare Funktion gewählt wurde, sind Aktivierungswert a_5 und Ausgabewert o_5 von Neuron 5 ebenfalls 1.6825. Analog berechnen sich die Werte von Neuron 6.

$$net_6 = a_6 = o_6 = 0.8 * 0.2 + 0.75 * 0.01 + 0.4 * 0.3 + 0.2 * 0.9 = 0.4675$$

Der Ausgabevektor des Netzes lautet also:

(1.6825, 0.4675)

Dieser Ausgabevektor muss wiederum interpretiert werden. Das System, welches das neuronale Netz verwendet, um Emails in "Spam" und "kein Spam" einzuteilen, kann beispielsweise entscheiden, dass eine Email Spam ist, wenn der Wert des "Spam"-Neurons größer ist, als der Wert des "kein Spam" Neurons (und umgekehrt). Eine weitere Möglichkeit wäre, zusätzlich auch alle Emails, deren Spam-Wert größer ist als 0.5 als Spam zu klassifizieren, selbst wenn der "kein Spam"-Wert größer ist als der "Spam"-Wert.

Auf genau die gleiche Art und Weise werden die Zustände der Neuronen eines dreischichtigen feedforward Netzes berechnet. Als konkretes Beispiel eines Netzes mit drei Schichten soll wieder der Spam-Filter dienen. Diesmal sollen die Schlagworte "Online-Apotheke", "kostenlos", "Mahnung: Anwalt", "Mahnung: Ihr Gewinn", "Kinoprogramm" und "Urlaubsfotos" sein. Die Person, deren Email-Software das neuronale Netz verwendet um Spam von anderen Mails zu unterscheiden, hat einen Newsletter eines Kinos abonniert und tauscht Urlaubsfotos mit Freunden per Email aus. Sie kauft in einer Online-Apotheke ein, bekommt von dieser aber in der Regel nichts geschenkt. Somit weisen die Schlagworte "Kinoprogramm" und "Urlaubsfotos" eher auf eine normale Email hin, während "Mahnung: Anwalt" und "Mahnung: Ihr Gewinn" vermutlich in Spam-Mails auftauchen. Was ist aber mit dem Schlagwort "Online-Apotheke"? Einzeln könnte es auf eine Mail der Online-Apotheke hinweisen, bei der die Person einkauft. Erst wenn das Schlagwort "kostenlos" hinzukommt, wird ersichtlich, dass es sich um Spam handelt. Das Wort "kostenlos" alleine muss aber auch wiederum nicht direkt für Spam stehen. Eine Email von Freunden mit dem Hinweis "Heute gibt es beim Chinesen bei drei Gerichten das vierte kostenlos dazu." soll vermutlich nicht sofort im Spam-Ordner landen. Ein zweischichtiges Netz kann diesen Zusammenhang zwischen "Online-Apotheke" und "kostenlos" aber nicht abbilden. Hier wird eine Zwischenschicht nötig. Das Netz in Abbildung 14 zeigt die Lösung des Problems.

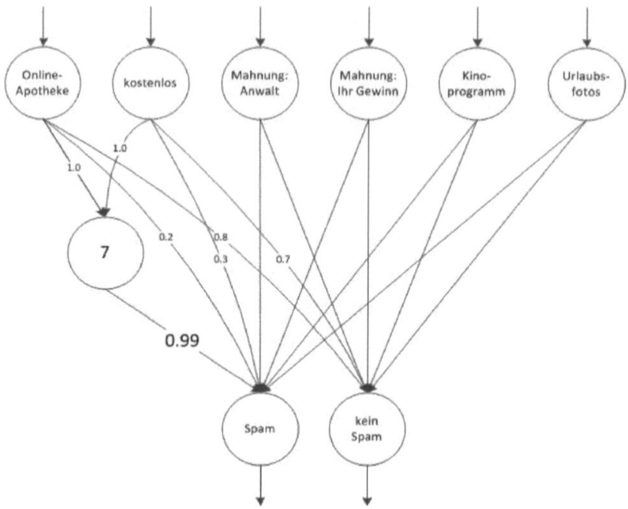

Abbildung 14: Beispielnetz "Spam-Filter" mit Zwischenschicht

Aus Gründen der Übersichtlichkeit hat das dargestellte Beispielnetz nur ein einzelnes Neuron in der Zwischenschicht. Normalerweise würden hier deutlich mehr Neuronen verwendet (zwischen 6 und 15 Neuronen wären hier denkbar). Wie man sieht, haben die Schlagworte noch immer einen direkten Einfluss auf die Entscheidung "Spam" oder "kein Spam". Die entsprechenden Neuronen haben Shortcut-Verbindungen zu den Ausgabeneuronen. Den zuvor beschriebenen Zusammenhang zwischen "Online-Apotheke" und "kostenlos" kann man an Neuron 7 in der Zwischenschicht sehen. Es empfängt von den Neuronen 1 und 2 Signale, die beide mit 1 gewichtet sind. Die Aktivierung von Neuron 7 gibt also an, wie sehr es zutrifft, dass sowohl "Online-Apotheke" als auch "kostenlos" in der Email enthalten sind. Je stärker Neuron 7 aktiviert wird, desto höher wird auch der Eingabewert des Neurons für "Spam" (aufgrund der Gewichtung von 0.99).

Für dieses dreischichtige Netz soll als Aktivierungsfunktion die sigmoide Funktion verwendet werden. Als Ausgabefunktion wird die lineare Funktion verwendet. Der Eingabevektor, der wie oben beschrieben ermittelt wird, soll diesmal (1.0, 1.0, 0.2, 0.1, 0.0 , 0.0) sein. Die zum Netz gehörende Matrix kann Tabelle 3 entnommen werden. Die Berechnung der jeweiligen Werte ist in Tabelle 4 zu finden.

Tabelle 3: Gewichtsmatrix zum Netz "Spam-Filter" mit Zwischenschicht

	1	2	3	4	5	6	7	8	9
1	0.0	0.0	0.0	0.0	0.0	0.0	**1.0**	**0.2**	**0.8**
2	0.0	0.0	0.0	0.0	0.0	0.0	**1.0**	**0.3**	**0.7**
3	0.0	0.0	0.0	0.0	0.0	0.0	0.0	**0.8**	**0.2**
4	0.0	0.0	0.0	0.0	0.0	0.0	0.0	**0.9**	**0.1**
5	0.0	0.0	0.0	0.0	0.0	0.0	0.0	**0.1**	**0.9**
6	0.0	0.0	0.0	0.0	0.0	0.0	0.0	**0.01**	**0.99**
7	0.0	0.0	0.0	0.0	0.0	0.0	0.0	**0.99**	0.0
8	0.0	0.0	0.0	0.0	0.0	0.0	0.0	0.0	0.0
9	0.0	0.0	0.0	0.0	0.0	0.0	0.0	0.0	0.0

Tabelle 4: Zustände der Neuronen im Netz "Spam-Filter" mit Zwischenschicht

Neuron	Netto-eingabe	Aktivierungs-wert	Ausgabe-wert
1	1.0	0.73	0.73
2	1.0	0.73	0.73
3	0.2	0.55	0.55
4	0.1	0.52	0.52
5	0.0	0.5	0.5
6	0.0	0.5	0.5
7	1.46	0.8	0.8
8	2.5	0.93	0.93
9	2.2	0.9	0.9

Wie in den beiden vorangegangenen Beispielen zu sehen ist, liefert ein künstliches neuronales Netz, das zur Klasse der feedforward Netze gehört, zu einem Eingabevektor sofort den zugehörigen Ausgabevektor. Da die Neuronen immer nur in tiefer gelegene Schichten Signale senden, ist bei einer schrittweisen Berechnung immer sichergestellt, dass für das aktuell zu berechnende Neuron sämtliche Eingangssignale bereits berechnet wurden und angelegt werden können. Bei feedback Netzen ist das anders, denn bei diesen kann auch ein Signal aus einer tiefer liegenden Schicht zurück kommen, welches noch gar nicht berechnet wurde. Hier kommt es zudem auch zu zirkulären Signalflüssen, so dass eine schrittweise Berechnung nicht möglich ist. Wie solche Netze berechnet werden, wird im nächsten Unterkapitel beschrieben.

1.7 Feedback Netze

Bei feedback Netzen gibt es im Gegensatz zu feedforward Netzen auch Verbindungen von einem Neuron aus einer tieferen Schicht zu einem Neuron einer höheren Schicht. Es gibt also Signale, die wieder in Richtung Eingang zurück fließen, eine sog. Rückkopplung. Abbildung 15 zeigt ein einfaches Beispiel eines solchen feedback Netzes.

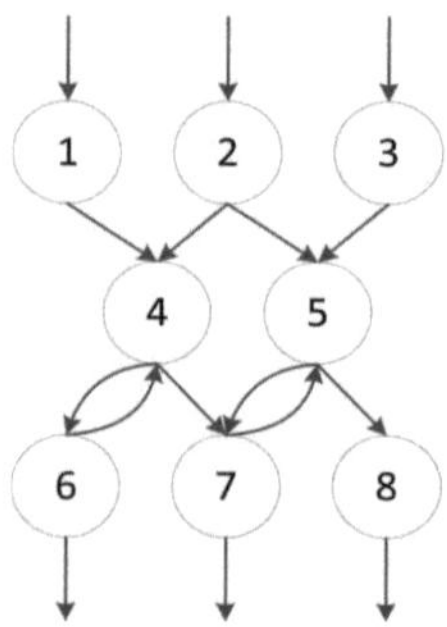

Abbildung 15: Beispiel feedback Netz

Wie man sieht, senden die Neuronen 6 und 7 der Ausgabeschicht Signale an die Neuronen 4 und 5 in der Zwischenschicht. Eine Berechnung der Zustände der Neuronen (Nettoeingabe, Aktivierungswert, Ausgabewert) kann hier nicht mehr in der Art erfolgen, wie sie in Kapitel 1.6 für feedforward Netze beschrieben wurde. Das konkrete Problem bei der Berechnung des Netzes in Abbildung 15 ist, dass Neuron 4 zur Berechnung der Nettoeingabe den Ausgabewert von Neuron 6 benötigt. Dieser kann aber noch nicht berechnet werden, da Neuron 6 wieder den Ausgabewert von Neuron 4 benötigt, um die eigene Nettoeingabe berechnen zu können. Allgemein kann es bei feedback Netzen immer zu solchen gegenseitigen Abhängigkeiten oder zirkulären Abhängigkeiten kommen, so dass eine einfache Berechnung der Neuronen in Reihenfolge ihrer Nummerierung nicht mehr funktioniert.

Wie die Berechnungen für feedback Netze durchgeführt werden, wird später in diesem Unterkapitel erläutert. Vorher soll hier noch ein besonderer Vertreter der feedback Netze vorgestellt werden, da dieser auch in den weiteren Kapiteln von Bedeutung ist. Gemeint ist das einschichtige feedback Netz. Bei einschichtigen Netzen ist die einzelne vorhandene Schicht sowohl die Eingabeschicht als auch die Ausgabeschicht. Dabei kann frei gewählt werden, welche Neuronen einen externen Eingabewert erhalten und von welchen Neuronen der Ausgabewert zur Bildung eines Ausgabevektors verwendet wird. In manchen Fällen können das auch jeweils alle Neuronen sein. (Ein einschichtiges Netz mit sieben Neuronen hätte dann beispielsweise einen Eingabevektor mit sieben Komponenten. Die Ausgabewerte der Neuronen nach der Berechnung würden dann einen Ausgabevektor mit sieben Komponenten bilden.) In vielen Fällen sind solche Netze vollvermascht (jedes Neuron hat eine Verbindung zu jedem anderen Neuron), wobei die einzelnen Neuronen aber keine Verbindung zu sich selbst haben. Durch diese vollständige Verbindung aller Neuronen untereinander entsteht bei diesen Netzen eine Rückkopplung, weshalb sie zu den feedback Netzen gehören.

So ein einschichtiges Netz soll an dieser Stelle als Beispiel dienen, um die Berechnung eines Ausgabevektors bei einem feedback Netz zu erläutern. Das Netz enthält vier Neuronen, die alle miteinander verbunden sind. Aus Gründen der Übersichtlichkeit sollen die Gewichte außerdem symmetrisch sein, es gilt also, dass eine Verbindung von Neuron i zu Neuron j das gleiche Gewicht hat, wie die Verbindung von Neuron j zu Neuron i ($w_{ij} = w_{ji}$). Es wird die lineare Aktivierungsfunktion verwendet. Die Ausgabefunktion ist die Schwellenwertfunktion mit einer Schwelle von 0.5, wobei der Ausgabewert vor der Schwelle 0.0 und bei Erreichen oder Überschreiten der Schwelle 1.0 ist. Die Topologie des Netzes kann Abbildung 16 entnommen werden.

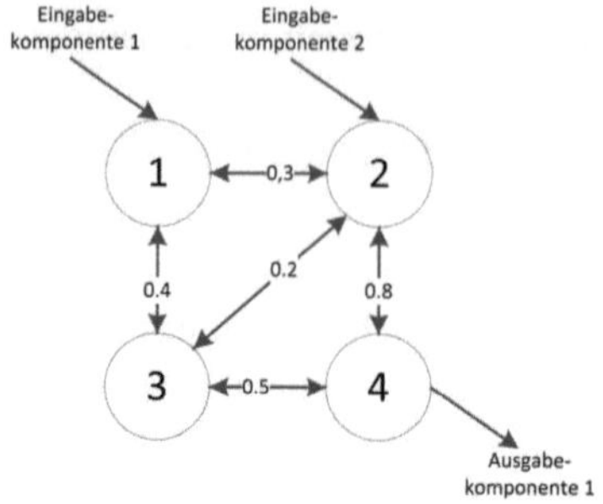

Abbildung 16: Einschichtiges Netz

Als Eingabeneuronen dienen die Neuronen 1 und 2, der Eingabevektor hat also zwei Komponenten. Das Neuron 4 ist das einzige Ausgabeneuron, somit ist der Ausgabevektor eindimensional. Um einen Ausgabevektor für das Netz bei Anlegen eines Eingabevektors zu bestimmen, muss die Berechnung in einzelnen Zeitschritten geschehen.

Zum Zeitpunkt t = 1 wird der Eingabevektor an die Eingabeneuronen angelegt. Alle anderen Neuronen erhalten den Wert 0 als Ausgabewert. Somit gibt es zum Zeitpunkt t = 1 einen definierten Ausgabewert für alle Neuronen des Netzes. Um die Nettoeingabe für den nachfolgenden Zeitschritt t+1 (also t = 2) zu bestimmen, werden die Ausgabewerte des vorherigen Zeitschritts t als Eingangssignale für die einzelnen Neuronen verwendet. Ist also der Ausgabewert eines Neurons i zum Zeitpunkt t gleich 0.5, und sendet es an ein Neuron j mit einem Gewicht w_{ij}, dann erhält das Neuron j den Wert 0.5 zum Zeitpunkt t+1 als Eingabesignal (multipliziert mit w_{ij}). Es wird also bei jedem Zeitschritt der Ausgabewert aller Neuronen berechnet. Wenn die Ausgabewerte feststehen, erfolgt der nächste Zeitschritt, und die berechneten Ausgabewerte der sendenden Neuronen zum Zeitpunkt t werden die neuen Eingabewerte der empfangenden Neuronen zum Zeitpunkt t+1. Die einzelnen Berechnungen innerhalb der Neuronen (gewichtete Aufsummierung, Aktivierungsfunktion, Ausgabefunktion) bleiben dabei die gleichen, wie bei feedforward Netzen.

Man kann sich leicht vorstellen, dass die Ausgabewerte der Neuronen sich dabei ständig ändern, so dass in den einzelnen Zeitschritten immer wieder andere Werte generiert werden. Die Berechnungen über die einzelnen Zeitschritte werden nun so lange fortgeführt, bis sich das Netz stabilisiert, d. h., bis sich die Ausgabewerte der einzelnen Neuronen in zwei aufeinander folgenden

Zeitschritten nicht mehr verändern. Das Netz hat dann einen Zustand erreicht, der sich nicht weiter ändern wird, da er sich selbst reproduziert. Erreicht das Netz einen solchen Zustand, einen sog. Attraktor, so wird anschließend der Ausgabevektor abgelesen. Dieser Ausgabevektor ist dann die Antwort des Netzes auf den Eingabevektor, der zum Zeitpunkt t = 1 angelegt wurde. Es ist allerdings nicht sichergestellt, dass sich ein Netz tatsächlich stabilisiert. Es kann nach dem Anlegen eines Eingabevektors beispielsweise auch zu zirkulierenden Zustandsfolgen kommen. Bei reell arbeitenden Netzen kann es außerdem empfehlenswert sein, vorab zu definieren, wann zwei Zustände als gleich gelten (z. B., wenn sich bei zwei aufeinander folgenden Zuständen kein Ausgabewert um mehr als 0.01 geändert hat, oder ähnliches).

Als konkretes Beispiel soll an das zuvor beschriebene Netz (Abb. 16) der Eingabevektor (1.0, 0.0) angelegt werden. Für das Rechenbeispiel soll der Eingabevektor in jedem Zeitschritt angelegt bleiben. Er wird also jedes Mal wieder mit zur Nettoeingabe der jeweiligen Neuronen hinzuaddiert. (In manchen Modellen wird der Eingabevektor dem Netz auch nur zum Zeitpunkt t = 1 präsentiert. Danach wird er nicht mehr zur Nettoeingabe hinzuaddiert.) Als Aktivierungsfunktion verwendet das Netz die sigmoide Funktion und als Ausgabefunktion die lineare Funktion. Tabelle 5 können die einzelnen Ausgabewerte der Neuronen zu jedem Zeitpunkt t entnommen werden. Man sieht, dass das Netz zum Zeitpunkt t=1 mit definierten Werten initialisiert wurde und sich die Ausgabewerte während der anschließenden Verarbeitung immer wieder ändern, bis sich das Netz zum Zeitpunkt t=7 stabilisiert. Das Netz erzeugt also zum Eingabevektor (1.0, 0.0) den Ausgabevektor (0.72), wie man entsprechend an Neuron 4 ablesen kann.

Tabelle 5: Ausgabewerte der Neuronen bis zur Stabilisierung zum Zeitpunkt t=7

Zeitpunkt	Neuron **1**	Neuron **2**	Neuron **3**	Neuron **4**
t=1	1,00	0,00	0,00	0,00
t=2	0,73	0,57	0,60	0,50
t=3	0,80	0,68	0,66	0,68
t=4	0,81	0,71	0,69	0,70
t=5	0,82	0,72	0,69	0,71
t=6	0,82	0,72	0,70	0,72
t=7	0,82	0,72	0,70	0,72

Diese Art der Berechnung wird auch bei einschichtigen Netzen verwendet, die aus sog. semantischen Netzen erstellt werden können. Semantische Netze und Ihre Verwendung als neuronales Netz werden im nachfolgenden Unterkapitel erläutert.

1.8 Semantische Netze

Ein semantisches Netz wird verwendet, um Begriffe und ihre Relationen untereinander darzustellen und dient im Bereich der künstlichen Intelligenz der Wissensrepräsentation (vgl. Klüver, Klüver, 2011). Semantische Netze enthalten Knoten und Kanten, wobei ein Knoten einen Begriff repräsentiert und eine Kante zwischen zwei Knoten die Relation dieser beiden Begriffe zueinander.

Je nach Modell, kann man mit semantischen Netzen auch darstellen, wie stark verschiedene Begriffe miteinander assoziiert werden. Es könnten beispielsweise gewichtete Kanten in einem semantischen Netz eingefügt werden, die jeweils einen Wert zwischen 0 und 1 haben. Möchte man festhalten, das der Begriff "Picasso" für eine Person sehr viel mit dem Begriff "Kunst" zu tun hat, so kann man die beiden Knoten "Picasso" und "Kunst" in ein semantisches Netz einfügen und beide mit einer Kante mit dem Gewicht 0.9 verbinden. Eine andere Person, beispielsweise Picassos Sohn, würde Picasso ggf. etwas weniger stark mit Kunst assoziieren, dafür aber deutlich mehr mit dem Begriff "Vater". Hier würde die Gewichtung zwischen "Picasso" und "Kunst" evtl. auf einen Wert von 0.7 sinken, dafür würde ein neuer Knoten "Vater" eingefügt, der eine Kante zu "Picasso" mit einem Wert von 1.0 hätte. Entsprechend müsste natürlich auch eine Kante von "Vater" zu "Kunst" mit einem Gewicht von 0.7 eingefügt werden. Diese Gewichte sind natürlich rein fiktiv, ob und wie die Katen tatsächlich zu gewichten sind, müsste man an dieser Stelle Claude Picasso selbst fragen.

Gewichtet man die Kanten eines semantischen Netzes, um festzulegen, wie stark verschiedene Begriffe miteinander assoziiert werden, wird auch gleichzeitig festgelegt, ob diese Gewichtungen symmetrisch oder asymmetrisch sein sollen. Bei symmetrischen Gewichten gilt das Gewicht einer Kante für beide Richtungen, bei asymmetrischen Gewichten muss für jede Richtung ein eigenes Gewicht festgelegt werden.

Abbildung 17 zeigt ein Beispiel eines symmetrischen Netzes. Dieses Netz ist eine Abwandlung des von Klüver und Klüver in ihrem Buch "On Communication" vorgestellt Netzes und zeigt, welche Begriffe aus Homers Ilias miteinander assoziiert werden. Zunächst fällt auf, dass dieses Netz eine große Ähnlichkeit mit einem einschichtigen neuronalen Netz hat. Man könnte die einzelnen Knoten mit den Begriffen als Neuronen verstehen, während die gewichteten Kanten zwischen den Begriffen die Verbindungen der einzelnen Neuronen untereinander darstellen würden.

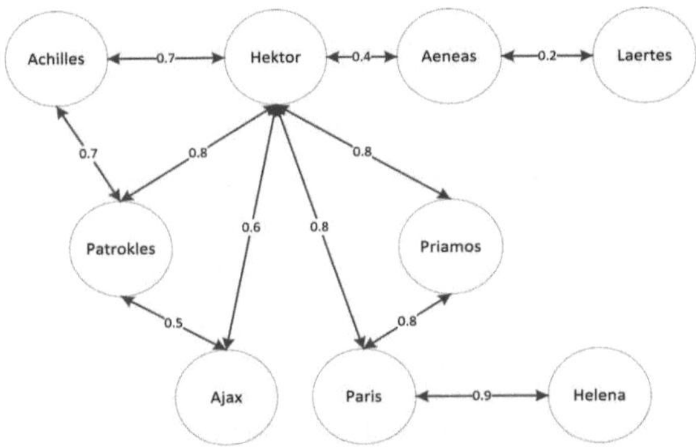

Abbildung 17: Semantisches Netz

Verwendet man das semantische Netz wie oben beschrieben und nummeriert die Neuronen von links nach rechts zeilenweise durch, so kann aus den gewichteten Kanten eine Gewichtsmatrix erstellt werden, die wie folgt aussieht:

Tabelle 6: Gewichtsmatrix zum semantischen Netz

	1	2	3	4	5	6	7	8	9
1	0.0	**0.7**	0.0	0.0	**0.7**	0.0	0.0	0.0	0.0
2	**0.7**	0.0	**0.4**	0.0	**0.8**	**0.8**	**0.6**	**0.8**	0.0
3	0.0	**0.4**	0.0	**0.2**	0.0	0.0	0.0	0.0	0.0
4	0.0	0.0	**0.2**	0.0	0.0	0.0	0.0	0.0	0.0
5	**0.7**	**0.8**	0.0	0.0	0.0	0.0	**0.5**	0.0	0.0
6	0.0	**0.8**	0.0	0.0	0.0	0.0	0.0	**0.8**	0.0
7	0.0	**0.6**	0.0	0.0	**0.5**	0.0	0.0	0.0	0.0
8	0.0	**0.8**	0.0	0.0	0.0	**0.8**	0.0	0.0	**0.9**
9	0.0	0.0	0.0	0.0	0.0	0.0	0.0	**0.9**	0.0

Mit dieser Gewichtsmatrix ließe sich zu einem Eingabevektor ein Ausgabevektor berechnen, so wie es in Kapitel 1.7 für feedback Netze beschrieben wurde. Es muss nur noch festgelegt werden, welche Funktionen die Neuronen des Netzes verwenden sollen. Würden beispielsweise die Worte Paris, Hektor und Ajax in einem Text vorkommen, so könnte man an die drei zugehörigen Neuronen eine Eingabe von 1.0 anlegen und an die restlichen Neuronen eine Eingabe von 0.0. Verwendet man die sigmoide Aktivierungsfunktion sowie die lineare Ausgabefunktion, ergibt sich ein Verlauf der Ausgabewerte, wie er in der nachfolgenden Tabelle dargestellt ist:

Tabelle 7: Verlauf der Aktivierungswerte nach Anregung des Netzes bis zur Stabilisierung

Zeitpunkt	Neuron 1	Neuron 2	Neuron 3	Neuron 4	Neuron 5	Neuron 6	Neuron 7	Neuron 8	Neuron 9
t=1	0,00	1,00	0,00	0,00	0,00	0,00	1,00	1,00	0,00
t=2	0,67	0,92	0,60	0,50	0,79	0,83	0,83	0,86	0,71
t=3	0,50	0,94	0,50	0,50	0,63	0,50	0,86	0,73	0,50
t=4	0,50	0,92	0,55	0,50	0,50	0,50	0,84	0,73	0,50
t=5	0,65	0,86	0,50	0,50	0,50	0,50	0,88	0,73	0,50
t=6	0,50	0,86	0,50	0,50	0,50	0,50	0,90	0,73	0,50
t=7	0,50	0,86	0,50	0,50	0,61	0,67	0,82	0,73	0,50
t=8	0,50	0,79	0,50	0,50	0,56	0,50	0,83	0,73	0,50
t=9	0,50	0,80	0,50	0,50	0,50	0,50	0,83	0,85	0,50
t=10	0,50	0,73	0,50	0,50	0,50	0,50	0,82	0,73	0,50
t=11	0,50	0,73	0,50	0,50	0,50	0,50	0,82	0,73	0,50

Das Netz stabilisiert sich in diesem Fall erst zum Zeitpunkt t=11. Die Ausgabe des Netzes ließe sich an dieser Stelle unterschiedlich interpretieren. Eine mögliche Interpretation ist, das Neuron mit der höchsten Aktivierung zu wählen. In diesem Fall wäre das Neuron 7, das für Ajax steht. Man könnte postulieren, dass die Gedanken des Lesers, der den Text mit den drei oben erwähnten Begriffen Paris, Hektor und Ajax gelesen hat, hauptsächlich um Ajax kreisen. Schaut man sich den Verlauf der Ausgabewerte an, könnte man aber ebenso zu dem Schluss kommen, dass der Leser sich zuerst gedanklich mit Hektor befasst (da der Ausgabewert hier bei t=2 bis t=4 der höchste ist) und sich danach mit Ajax befassen wird. Dies soll aber nur ein Beispiel einer Interpretation einer solchen Berechnung sein. Wie Verstehensprozesse und Überlegungen im Einzelnen mathematisch modelliert und analysiert werden können, wird in den Kapiteln 2 und 3 noch ausführlich beschrieben.

1.9 Lernregeln

Das besondere an künstlichen neuronalen Netzen ist, dass sie lernfähig sind. Sie können ihre eigene Topologie anpassen und für eine spezielle Aufgabe optimieren. Dieses Ändern der eigenen Topologie ist als ein Ändern der Gewichte der Verbindungen innerhalb des Netzes zu verstehen. Dabei können auch neue Verbindungen entstehen oder bestehenden Verbindungen wieder aufgelöst werden. Ein Ändern der Gewichtswerte erfolgt dabei über eine sog. Lernregel.

Generell unterscheidet man drei Arten des Lernens: "Überwachtest Lernen", "Nicht überwachtest Lernen" und "Bestärkendes Lernen". Da es in diesem Buch aber nicht um das Training und das Anwenden von Lernregeln auf künstliche neuronale Netze geht, wird an dieser Stelle nur das überwachte Lernen erläutert, um zumindest einen Einblick und eine Idee von dem zu geben, was hinter der Lernfähigkeit künstlicher neuronaler Netze steckt.

Beim überwachten Lernen geht es darum, ein Netz so zu trainieren, dass es zu einem Eingabevektor einen vorgegebenen Zielvektor (oder auch Targetvektor) ausgibt. Es liegt also eine Menge an Eingabevektoren vor, zu denen der gewünschte Ausgabevektor des Netzes bereits bekannt ist. Das Netz soll nun so trainiert werden, dass es zu jedem dieser Eingabevektoren den richtigen Ausgabevektor ausgibt.

Konkretes Beispiel: Wenn das Netz später einen Spam-Filter realisieren soll, wie in den Beispielen aus Kapitel 1.6, so hätte man für ein Training eine Menge von Emails bereits vorliegen. Zu jeder dieser Emails könnte ein Eingabevektor erzeugt werden, indem man nach den Schlagworten sucht, die dem Netz bekannt sind. Als nächstes müssten die Emails alle von Hand nach "Spam" und "kein Spam" sortiert werden. Diese Einteilung ergibt dann auch sofort den Targetvektor (bei einer Spam-Mail soll das Neuron für "Spam" einen Ausgabewert von 1.0 haben und das Neuron für "kein Spam" eine 0.0, und umgekehrt). Somit hat jede Email einen Eingabevektor (Schlagworte) und einen Ausgabevektor ((0.0, 1.0) → kein Spam; (1.0, 0.0) → Spam). Bei einer Menge von 200 Emails würden sich hier also 200 Trainingsvektoren ergeben.

Das Ziel ist nun, das Netz so zu trainieren, dass es alle 200 Emails korrekt in "Spam" und "kein Spam" unterteilt (entsprechend der Vorgabe durch den jeweiligen Targetvektor). Sollten alle 200 Beispiele korrekt eingeteilt werden können, hofft man, dass das Netz nicht nur in der Lage ist, genau diese 200 Beispiele korrekt als "Spam" und "kein Spam" zu erkennen, sondern dass das

Netz die Informationen aus den beispielhaften Emails verallgemeinern konnte, und somit in der Lage ist, generell Spam-Mails von anderen Mails zu unterscheiden. Damit kann das Netz dann Emails, die in Zukunft empfangen werden (und noch nicht trainiert wurden) entsprechend klassifizieren.

Daher ist beim Training auch wichtig, dass nicht alle 200 Beispiele komplett in das Netz trainiert werden. Um einen ersten Eindruck davon zu haben, wie gut das Netz arbeitet, unterteilt man die vorliegenden Trainingsvektoren in zwei Teilmengen. Die erste Teilmenge (ca. 50 bis 65 Prozent) wird trainiert, die zweite Teilmenge (die restlichen 35 bis 50 Prozent) wird verwendet, um das Netz nach dem Training zu testen. Wenn die nicht trainierten Beispielvektoren vom Netz bereits korrekt zugeordnet werden können, ist das ein erstes Anzeichen dafür, dass das Training erfolgreich war.

Im Einzelnen läuft das Training so ab, dass dem Netz ein Eingabevektor präsentiert wird und die Ausgabe des Netzes anschließend mit dem Targetvektor verglichen wird. Stimmen Ausgabevektor und Targetvektor überein, passiert nichts weiter. Weichen Ausgabe und Target voneinander ab, so muss das Netz angepasst werden, um die Ausgabe zu verbessern. An dieser Stelle kommt die Lernregel ins Spiel. Diese gibt vor, wie die Gewichte der Gewichtsmatrix angepasst werden müssen, damit das Netz eine bessere Ausgabe generiert, die dem Targetvektor ähnlicher ist. Für zweischichtige feedforward Netze kann hier die von Bernard Widrow und Marcian Edward Hoff 1960 vorgestellte "Delta-Lernregel" oder auch "Widrow-Hoff-Regel" verwendet werden. (Widrow, Hoff, 1960) Diese lautet wie folgt:

$$\Delta w_{ij} = \eta(t_j - a_j)o_i = \eta\delta_j o_i$$

Δw_{ij} ist dabei die Änderung, um die das Gewicht von Neuron i nach Neuron j angepasst werden muss. Dieser Wert wird einfach zur bestehenden Verbindung hinzu addiert. Diese Gewichtsänderung setzt sich zusammen aus dem Fehler, den das Ausgabeneuron j gemacht hat ($\delta_j = t_j - a_j$) multipliziert mit der Ausgabe des sendenden Neurons i. Der Fehler ist dabei einfach die Differenz zwischen der gewünschten Ausgabe t (target) und der tatsächlichen Aktivierung a des Neurons j. Je größer dieser Fehler ist, desto mehr muss das Gewicht angepasst werden. Die Ausgabe o des sendenden Neurons i spielt hier deshalb eine Rolle, weil angenommen werden kann, das der Anteil am gesamten Fehler des Neurons j größer ist, je größer der Ausgabewert des Neurons i war. (Es senden ja mehrere Neuronen an das Neuron j, das den Fehler gemacht hat. Es gilt also, dass der Fehleranteil bei den Neuronen, die große Ausgabewerte haben, größer ist, als bei denen, die kleine Ausgabewerte haben.) Entsprechend werden die Gewichtswerte von Neuronen mit großem Ausgabewert auch stärker angepasst, als die von Neuronen mit kleinem Ausgabewert.

Der Faktor η in der Lernregel ist die sog. Lernrate. Sie wird zwischen 0.0 und 1.0 gewählt und gibt an, in wie großen Schritten die Gewichtswerte angepasst werden sollen. (Natürlich sollte die Lernrate dabei größer als 0.0 sein, sonst lernt das Netz nichts.) Das Für und Wider einer großen Lernrate gegenüber einer kleinen Lernrate abzuwägen würde aber an dieser Stelle zu weit führen. Daher wird hier einfach eine Lernrate von 0.4 gewählt.

Damit man sich das Anpassen der Gewichte besser vorstellen kann, soll ein kleines Beispiel zeigen, wie diese Lernregel verwendet wird. Abbildung 18 zeigt ein Netz mit je zwei Neuronen in der Eingabeschicht und der Ausgabeschicht. Das Netz verwendet die lineare Funktion sowohl als Aktivierungsfunktion als auch als Ausgabefunktion. Es soll zum Eingabevektor (1.0, 0.0) die Ausgabe (0.4, 0.7) erzeugt werden (Targetvektor). Wie in der Abbildung zu sehen ist, erzeugt es aber die Ausgabe (0.3, 0.9).

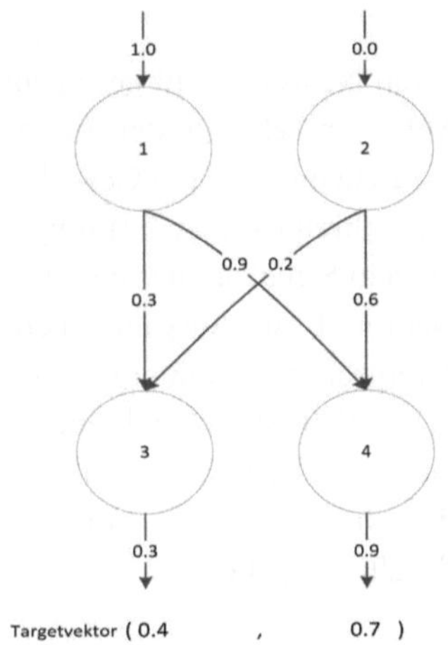

Abbildung 18: Lernbeispiel feedforward, zweischichtiges Netz, vor dem ersten Lernen

Als erstes können die Fehlerwerte für die beiden Ausgabeneuronen berechnet werden. Diese ergeben sich zu:

$$\delta_3 = t_3 - a_3 = 0.4 - 0.3 = 0.1$$
$$\delta_4 = t_4 - a_4 = 0.7 - 0.9 = -0.2$$

Bei Neuron 4 liegt also eine zu große Aktivierung vor, wodurch der Fehler negativ wird. Das negative Vorzeichen wird dafür sorgen, dass der zugehörige Gewichtswert verringert wird, wodurch die Aktivierung in Neuron 4 nach der Anpassung kleiner wird. Bei Neuron 3 verhält es sich genau umgekehrt. Die berechneten Fehlerwerte können nun in die Lernregel eingesetzt werden, um die Änderung der Gewichtswerte zu berechnen. Da es vier Gewichtswerte gibt, ergeben sich auch vier Änderungen:

$$\Delta w_{13} = \eta\delta_3 o_1 = 0.4 * 0.1 * 1.0 = 0.04$$
$$\Delta w_{14} = \eta\delta_3 o_1 = 0.4 * (-0.2) * 1.0 = -0.08$$
$$\Delta w_{23} = \eta\delta_3 o_2 = 0.4 * 0.1 * 0.0 = 0.0$$
$$\Delta w_{24} = \eta\delta_4 o_2 = 0.4 * (-0.2) * 0.0 = 0.0$$

Wie bereits erwähnt, werden die Gewichtswerte von Neuronen mit geringem Ausgabewert auch nur wenig verändert, da ihr Anteil am Fehler in der Ausgabe auch geringer ist. Daher ist es auch nicht überraschend, dass die Gewichte der Verbindungen, die von Neuron 2 ausgehen, während dieses Trainingsschritts keine Veränderung erfahren, da es ja auch kein Signal an die Ausgabeschicht gesendet hat. Die Verbindungen von Neuron 1 zur Ausgabeschicht werden dagegen um 0.08 reduziert, bzw. um 0.04 vergrößert. Damit ergibt sich eine neue Gewichtsmatrix, das zugehörige veränderte Netz ist in Abbildung 19 dargestellt. Hier kann man auch sehen, dass sich die Ausgabe beim Anlegen des trainierten Vektors (1.0, 0.0) verändert hat. Die neue Ausgabe (0.34, 0.82) ist dem Targetvektor ähnlicher als die alte Ausgabe.

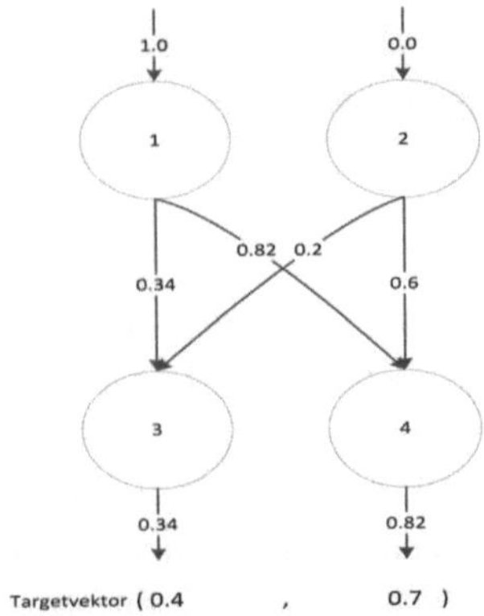

Abbildung 19: Lernbeispiel feedforward, zweischichtiges Netz, nach dem ersten Lernen

Nach diesem kleinen Beispiel sollte auch klar geworden sein, dass sich die Strukturen des Netzes nur in kleinen Schritten ändern. Ein Eingabevektor muss also i. d. R. mehrfach trainiert werden, bevor das zu trainierende Netz die richtige Ausgabe liefert.

Bei dem ein oder anderen stellt sich jetzt vielleicht gerade die Frage, was eigentlich mit dem dreischichtigen Spam-Filter-Netz beim Training passiert. Hier gibt es ja eine Zwischenschicht, zu der gar keine Targetvektoren bekannt sind. Dementsprechend kann für die Zwischenschicht auch kein Fehler berechnet werden. Daher gibt es für dreischichtige Netze die sog. Backpropagation-Lernregel, die es ermöglicht, einen Fehlerwert für die Zwischenschicht zu ermitteln (vgl. Zell, 2000). Alles andere bleibt ganz genau so, wie es gerade für zweischichtige Netze erklärt wurde, einzig die Berechnung des Fehlers bei Neuronen der Zwischenschicht und der Ausgabeschicht läuft anders ab, als bei zweischichtigen Netzen.

(An dieser Stelle soll kurz angemerkt werden, dass in der Berechnung des Fehlers bei der Backpropagation-Lernregel die Ableitung der Aktivierungsfunktion vorkommt. Um die Lernregel nicht zu kompliziert zu machen, beziehen sich die angegebenen Formeln ausschließlich auf Netze, die die sigmoide Aktivierungsfunktion verwenden.)

Für die Ausgabeschicht gilt nach wie vor, dass es einen Targetvektor gibt. Hier berechnet sich der Fehler bei dreischichtigen Netzen wie folgt:

$$\delta_j = o_j(1 - o_j)(t_j - o_j)$$

In der Zwischenschicht muss der Fehler der einzelnen Neuronen aus dem Fehler, der in der Ausgabeschicht passiert ist, berechnet werden. Dabei wird angenommen, dass der Anteil am Fehler, den ein Neuron hat, größer ist, wenn die Verbindung zur Ausgabeschicht stärker ist. Hat das Ausgabeneuron 5 beispielsweise einen Fehlerwert von 0.2 und sendet Zwischenschichtneuron 4 mit einem Gewicht von 0.3 an das Ausgabeneuron 5, so ergibt sich für Neuron 4 in der Zwischenschicht ein Fehleranteil von 0.2 x 0.3 = 0.06. Auf diese Weise werden alle Fehleranteile des Neurons für alle Ausgabeneuronen, an die es sendet, über die gewichteten Verbindungen zurück propagiert (daher der Name Backpropagation). Die berechneten Anteile werden anschließend aufsummiert und ergeben den Gesamtfehler, der dem Zwischenschichtneuron 4 zugeordnet wird. Diese Berechnungsvorschrift stellt sich mathematisch wie folgt dar:

$$\delta_j = o_j(1 - o_j)\sum_k \delta_k w_{jk} \quad \textit{falls j ein Zwischenschichtneuron ist}$$

Der so berechnete Fehler wird anschließend zusammen mit der bereits bekannten Formel aus der Widrow-Hoff-Regel verwendet, um die Änderungen der Gewichtswerte zu bestimmen. Damit möchte ich das Kapitel Lernregeln an dieser Stelle mit einem letzten Beispiel der Anwendung dieser Fehlerberechnung abschließen. In Abbildung 20 ist ein Ausschnitt eines dreischichtigen Netzes zu sehen. Es wird ein einzelnes Zwischenschichtneuron (Neuron 4) gezeigt, das an jedes der vier Ausgabeneuronen sendet. Die Fehlerwerte der Ausgabeneuronen sind jeweils innerhalb der Kreise angegeben. Da das Zwischenschichtneuron mit einem Ausgabewert von 0.5 an die Ausgabeschicht sendet, ergibt sich folgender Fehlerwert:

$$\delta_4 = 0.5 * (1 - 0.5) * (0.2 * 0.2 + 0.1 * 0.3 + 0.5 * 0.9 + 0.3 * 0.7) = 0.1825$$

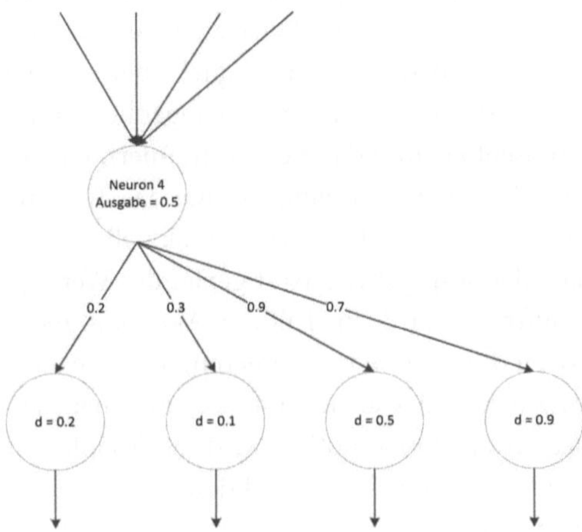

Abbildung 20: Beispiel für das Anwenden der Backpropagation Lernregel

1.10 Einsatzgebiete künstlicher neuronaler Netze

Künstliche neuronale Netze können überall da eingesetzt werden, wo Sachverhalte gelernt oder Zusammenhänge erkannt werden sollen. Ein Anwendungsgebiet ist beispielsweise die Posteingangs-Klassifizierung, bei der ein neuronales Netz dazu verwendet werden kann, zu entscheiden, ob es sich bei eingehenden Dokumenten um Briefe, Rechnungen, Lieferscheine oder Gutschriften handelt. Ein weiteres Einsatzgebiet ist die Diagnose, zum Beispiel von Krankheiten aufgrund vorliegender Symptome. Ebenso gibt es Versuche, durch ein neuronales Netz bestimmen zu lassen, ob eine Therapie bei der Behandlung von Krebs anschlägt oder nicht. Bei einer solchen Diagnose werden dem neuronalen Netz Messwerte des Patienten als Eingabevektor präsentiert, aus dem das Netz berechnet, wie erfolgreich die Therapie momentan ist.

Neben solchen Diagnose- oder Klassifizierungsproblemen (zu denen auch der Spam-Filter gehört) können künstliche neuronale Netze auch zur Prognose verwendet werden. Die sog. Zeitreihenanalyse ist ein Beispiel einer solchen Prognose. Dabei werden einem Netz Werte, die in der Vergangenheit aufeinander folgend aufgetreten sind, präsentiert und das Netz so trainiert, dass es zu einem alten Wert den korrekten Nachfolger ausgibt. Konnte das Training erfolgreich abgeschlossen werden, so kann man dem Netz den aktuellen Wert präsentieren, in der Hoffnung, dass der ausgegebene Wert genau der Wert ist, der in der Zukunft als nächstes auftreten wird. Im Fall der Aktienprognose könnte man beispielsweise die letzten drei Kurswerte trainieren, mit dem Ziel, dass das Netz anschließend beim Anlegen des letzten Kurswertes genau den Kurswert ausgibt, der als nächstes an der Börse notiert wird. So könnte ein entsprechendes Netz eine Entscheidungshilfe geben, ob Aktien verkauft oder gekauft werden sollen. (Wenn man seinem Rechner vertraut, kann man ihn die Börsengeschäfte auch direkt selbstständig machen lassen.) Wer der Meinung ist, dass hinter der Ziehung der Lottozahlen ein zu errechnendes Schema steckt, könnte genau genommen ebenfalls versuchen, sich die Lottozahlen mittels einer solchen Zeitreihenanalyse vorhersagen zu lassen.

Neuronale Netze kommen aber auch bei der Prognose von Netzlasten bei Versorgungsnetzen zum Einsatz. Hier können Werte für den vermutlich anstehenden Energiebedarf prognostiziert werden.

Neben der Möglichkeit, Sachverhalte zu erlernen, Prognosen zu stellen, schwierige Berechnungen durchzuführen und dem Menschen allerlei Arbeit abzunehmen, die ihm sonst zu lästig wäre, können künstliche neuronale Netze aber auch verwendet werden, um Verstehensprozesse und Interpretationsvorgänge des Menschen zu modellieren. Einige Beispiele solcher Modelle möchte ich in Kapitel 3 vorstellen.

In einem speziellen Modell, dem sog. "Krimi-Leser" wird sogar versucht, einen menschlichen Probanden, der eine Kriminal-Kurzgeschichte liest und zu verstehen versucht, zu modellieren. Mit diesem Beispiel möchte ich in Kapitel 2 starten und den Leser herzlich dazu einladen, selbst Proband in diesem Experiment zu werden.

2 Das Experiment "Krimi-Leser"

2.1 Einleitung

Bei diesem Experiment geht es darum, die Interpretation eines Textes durch einen Leser mit einem künstlichen neuronalen Netz abzubilden. Anschließend soll das so entstandene Netz untersucht werden, um auf Basis des Netzes Rückschlüsse auf den Leser zu ziehen. Das neuronale Netz soll also das abbilden, was im Kopf des Lesers passiert, während er den Text liest. Das Experiment basiert auf einem Modell von Prof. Dr. Jürgen Klüver, der mir ausdrücklich erlaubte, sein Modell zu diesem Zweck hier wiederzugeben. Dieses Modell wurde bereits in dem Beitrag "Literarische Morde, Künstliche Intelligenz und formale Logik – Textrekonstruktionen einer etwas anderen Art" von Prof. Dr. Jürgen Klüver und PD Dr. Christina Klüver in dem Buch "Medien Morde" 2005 publiziert. (Vogt, 2005) Im Rahmen der Forschungsgruppe COBASC wurden hier auch weitere Ansätze entwickelt, wie eine Kriminal-Geschichte durch eine künstliche Intelligenz bearbeitet werden kann. Diese weiteren Ansätze möchte ich in Kapitel 3 vorstellen.

Als Grundlage für das Experiment dient die Kriminal-Kurzgeschichte "Die spanische Truhe" von Agatha Christie, die hier dank der freundlichen Unterstützung des Fischer Taschenbuch Verlags wiedergegeben werden kann, dem ich an dieser Stelle meinen Dank ausspreche. Es handelt sich um die Fassung aus dem Buch "Agatha Christie – Der Unfall und andere Fälle".

Wie das Experiment im Einzelnen später ausgewertet wird und wie aus den, für das Experiment nötigen, Tabellen (die später erläutert werden) ein künstliches neuronales Netz entsteht, wird am Ende dieses Kapitels erklärt, damit Sie als Leser an dieser Stelle nicht vorab schon beeinflusst werden.

Im Unterkapitel "Erläuterung des Experiments" wird erklärt, wie Sie an diesem Experiment teilnehmen können. Sie können an diesem Experiment einfach zum Selbstversuch teilnehmen. Es würde mich natürlich auch freuen, wenn Sie mir Ihre Ergebnisse zur Verfügung stellen würden, um weitere Analysen (natürlich anonym) daran vorzunehmen. Wie Sie mir später ihre Ergebnisse zukommen lassen können wird am Ende des Experiments angegeben. Ich möchte mich an dieser Stelle schon mal recht herzlich bedanken, wenn Sie sich entschließen, an dem Experiment selbst teilzunehmen. Sollten Sie jemandem im Familien- oder Freundeskreis kennen, der ggf. auch Interesse hat, an diesem Experiment teilzunehmen, freue ich mich selbstverständlich auch über weitere Teilnehmer. Zur Teilnahme reicht die Lektüre dieses zweiten Kapitels völlig aus.

Sollten Sie sich entscheiden, mir Ihre Ergebnisse zur Verfügung zu stellen, so lassen Sie sich am Ende des Experiments nicht fälschlicher Weise von diesem Vorhaben abbringen, weil Sie das Gefühl haben, etwas "falsch" gemacht zu haben. Es gibt bei diesem Experiment keine falschen Ergebnisse. Es ist zudem sehr wichtig, dass die Analyse über eine repräsentative Menge an Lesern durchgeführt wird. Wie Sie sich sicher bereits denken können, wird es darum gehen, bei der Kriminal-Geschichte von Agatha-Christie herauszufinden, wer der Täter ist. Das Ergebnis dieser Analyse würde stark verfälscht, wenn ich nur Ergebnisse von Lesern erhalte, die am Ende der Kriminalgeschichte auf den tatsächlichen Täter schließen können. Zum einen ist es nicht zu erwarten, dass alle Leser den richtigen Täter identifizieren werden, zum anderen würden Vergleichs-Ergebnisse fehlen. Nicht zuletzt tragen besonders auffällige Ergebnisse dazu bei, das Experiment noch zu verbessern und Schwächen im Modell zu eliminieren.

2.2 Erläuterung des Experiments

Da es sich bei dem ausgewählten Text um einen "Whodunit" Krimi handelt, fällt das Ziels der Interpretation des Textes schnell ins Auge: Man möchte, wie bereits erwähnt, herausbekommen, wer der Mörder ist. Während Sie den Text lesen, sollen Sie also versuchen, anhand der Informationen, die Sie erhalten, herauszubekommen, wer den Mord in dieser Geschichte begangen hat.

Für das Experiment ist damit an dieser Stelle eines sehr wichtig. Sie dürfen die Geschichte "Die spanische Truhe" von Agatha Christie nicht bereits gelesen haben. Denn sonst wissen sie ja bereits, wer der Täter ist und verfälschen damit die Ergebnisse des Experiments. Sollten Sie jetzt voller Tatendrang enttäuscht feststellen, dass sie die Geschichte bereits kennen, möchte ich Sie aber nicht davon abhalten, trotzdem teilzunehmen. Ihre Ergebnisse könnten ggf. auch in einem anderen Zusammenhang wertvoll werden, lediglich aus den Analysen, die ich später vorstellen werde, fallen Sie damit raus. Geben Sie aber in diesem Fall unbedingt auf dem Fragebogen an, ob sie die Geschichte bereits gelesen haben, oder nicht. Auf diese Weise wird verhindert, dass die jeweiligen Ergebnisse verfälscht werden.

Sie werden zur Teilnahme an diesem Experiment vier Tabellen und einen Fragebogen benötigen (sollten Sie das Experiment nur für sich selbst machen wollen, brauchen Sie nur die Tabellen). Diese finden Sie in Unterkapitel 2.3. Sie können sich diese fünf Seiten einfach kopieren, um sie dann auszufüllen. Werfen Sie beim weiteren Lesen hin und wieder einen Blick auf die Tabellen, damit Sie sich verdeutlichen können, wovon die Rede ist.

Wichtig für das Experiment ist zunächst, dass es nicht darum geht, dass Sie den richtigen Täter heraus bekommen. Es geht darum, Ihre Gedankengänge und Ihre Interpretation des Textes in Form von Zahlen zu Papier zu bringen. Machen Sie sich also keine Gedanken darum, wenn am Ende jemand anderes der Täter war, als Sie geglaubt haben. Daher ist natürlich auch wichtig, dass Sie die Textteile genau in der vorgegebenen Reihenfolge lesen und nicht in der Geschichte vorgreifen, um eine vermeintlich "bessere" Interpretation zu erhalten. Es ist wie gesagt nicht wichtig, dass Sie am Ende die "richtige" Interpretation zu Papier gebracht haben, sondern dass sie *Ihre* Interpretation notieren konnten.

Wie man sich vorstellen kann, sind Gedanken recht komplex zu modellieren. Daher müssen an dieser Stelle bereits einige Einschränkungen gemacht werden, damit Ihre Interpretation später auch in das Modell überführt werden kann. Konkret bedeutet das, dass ich Sie an dieser Stelle mit einigen Informationen versorgen werden, die Sie während des Lesens der Geschichte im Kopf behalten sollten.

Sie werden in der Geschichte davon Lesen, dass die Figur "Arnold Clayton" ermordet wurde. Als erstes soll an dieser Stelle die Auswahl der möglichen Täter eingeschränkt werden. Von den Figuren, die in der Geschichte vorkommen, kann es nur eine der folgenden Personen gewesen sein:

- Margharita Clayton (seine Frau)
- Major Rich (sein bester Freund)
- Commander McLaren (langjähriger Freund und Vertrauter)
- Jeremy Spence (neuere Bekanntschaft)
- Linda Spence (Frau von Jeremy Spence)
- William Burgess (Diener von Major Rich)

Sie können davon ausgehen, dass auf jeden Fall eine dieser Personen der alleinige Täter ist. Komplizen gibt es nicht. Außerdem soll noch die Auswahl der Kriterien, wie man den Täter entlarven kann, hier eingeschränkt werden. Folgende Kriterien sind wichtig und reichen völlig aus, um auf den Täter zu kommen:

- Hat die Person *kein* Alibi? (kein Alibi)
- Hatte die Person Zugang zur Tatwaffe? (Tatwaffe)
- Hatte die Person ein Motiv für den Mord? (Motiv)
- Konnte die Person wissen, wo das Opfer zur Tatzeit sein würde? (Wissen)

Die hinter den Kriterien in Klammern angegebenen Begriffe zeigen an, wie die zugehörige Spalte in den Tabellen benannt ist. Wenn Sie einen Blick auf die Tabellen werfen, werden Sie feststellen, dass die Spalte "Verdacht" noch nicht erklärt wurde. Ebenso wie die unbeschriftete Spalte und die unbeschriftete Zeile in der Tabelle.

Die Spalte "Verdacht" gibt an, dass sie einfach ein gewisses Bauchgefühl haben, dass diese Person der Täter ist und ihre Gründe für diese Entscheidung nicht auf die oben angegebenen Kriterien zutreffen. Das gleiche gilt für die leere Spalte. Hier können Sie ein weiteres Kriterium einfügen, das ihrer Meinung nach unumgänglich für eine Interpretation der Geschichte ist. Ebenso können Sie in die leere Zeile eine weitere Person einfügen, von der Sie glauben, dass sie der Täter sei, wenn Sie zu dem Schluss kommen, dass es zwingend jemand anderes gewesen sein muss, als eine der genannten sechs Personen.

Verstehen Sie diese unbeschrifteten Teile der Tabelle und die Spalte "Verdacht" aber nicht falsch. Die Informationen, die Sie vorab bekommen haben, sind alle korrekt. Es ist definitiv eine der sechs genannten Personen der Täter und Sie brauchen auch nicht mehr, als die vier genannten Kriterien, um auf den Täter zu kommen. Es ist also eigentlich zu erwarten, dass die leere Spalte und Zeile, sowie die Spalte "Verdacht" von Ihnen nicht genutzt wird. Es bringt allerdings nichts, wenn Sie während des Lesens des Textes aus irgendwelchen Gründen zu dem Schluss kommen, dass der Täter beispielsweise der Detektiv Hercule Poirot gewesen sein muss, und sie anschließend nicht die Möglichkeit haben, diese Interpretation einzutragen. Es wäre schlecht, wenn Sie, nur weil Sie nicht die Möglichkeit haben, anschließend etwas ganz anderes in die Tabellen eintragen als Sie tatsächlich denken, damit es noch irgendwie ins Experiment passt. Daher die unbeschrifteten Tabellenteile und die Extra-

Spalte "Verdacht". Wenn Sie also wider besseren Wissens schlicht und ergreifend nicht davon abzubringen sind, dass Hercule Poirot der Täter sein muss, weil er einen gezwirbelten Bart hat, dann tragen Sie das Kriterium "gezwirbelter Bart" und die Person "Hercule Poirot" in die Tabelle ein, um diese Interpretation auf dem Papier festhalten zu können. Es wird dann später meine Aufgabe sein, mit dieser Interpretation umzugehen.

Das Experiment wird so ablaufen, dass Sie die Geschichte in vier separaten Teilen zu lesen bekommen, bevor der Täter enthüllt wird. Zu jedem dieser Teile gibt es eine eigene Tabelle. In der Überschrift der Tabelle ist vermerkt, für welchen Teil des Textes sie die Tabelle verwenden sollen. Die Werte in der Tabelle müssen während des Lesens geändert werden können, tragen Sie die Werte also zunächst mit einem Bleistift ein. Später werden die Werte dann mit einem Kugelschreiber fest eingetragen, wenn sie sich nicht mehr ändern. Die Werte werden dann in eine neue Tabelle für den nächsten Teil übertragen. Wie Sie die Tabellen wann übertragen müssen, wird immer zwischen den Textteilen der Geschichte kurz erläutert.

Die Tabellen sind so zu verstehen, dass in ihnen abgelesen werden kann, wie sehr ein Kriterium auf eine Person zutrifft. Sie können in die einzelnen Kästchen ganze Zahlen zwischen 0 und 10 eintragen. Eine 0 bedeutet dabei, dass diese Eigenschaft gar nicht auf die Person zutrifft, bzw. dass noch keine Informationen zu diesem Punkt vorliegen. Eine 10 bedeutet, dass diese Eigenschaft voll und ganz zutrifft. Wenn Sie sich also zu 100 % sicher sind, dass Major Rich Zugang zur Tatwaffe hatte, dann tragen Sie in das Kästchen bei Spalte "Tatwaffe" und Zeile "Major Rich" eine 10 ein. Sollten Sie der Meinung sein, Mrs Spence habe zwar ein Motiv für den Mord, aber kein gutes, so dass diese Eigenschaft nur teilweise zutrifft, so könnten Sie in das Kästchen der Spalte "Motiv" und der Zeile "Linda Spence" beispielsweise eine 5 eintragen.

Die weiter unten angegebene Zeile unter der Überschrift "Wichtigkeit", die mit den Kriterien beschriftet ist, wird am Ende jedes Textteils ausgefüllt. Hier geben Sie an, was Sie glauben, wie wichtig das jeweilige Kriterium zur Interpretation der Geschichte ist. Auch hier werden Zahlen zwischen 0 und 10 eingetragen, wobei 1 bedeutet, dass dieses Kriterium ziemlich unwichtig ist und 10, dass dieses Kriterium außerordentlich wichtig ist. Achten sie dabei auch auf die Relation der Werte zu einander. Wenn sie sowohl bei Tatwaffe als auch bei Motiv eine 10 eintragen, heißt das auch, dass diese beiden Kriterien für eine Interpretation gleichwichtig sind. Eine 0 sollten Sie eigentlich nicht eintragen, da ich bereits erwähnt habe, dass diese vier Kriterien ausschlaggebend sind. Sollten Sie trotz allem irgendwie zu der Überzeugung gelangen, dass beispielsweise Motive für diesen Fall völlig irrelevant sind, dann tragen Sie in genau diesem Fall eine 0 bei Motiv ein.

Ebenfalls am Ende des Kapitels wird eingetragen, was Sie bis dahin glauben, wer wohl der Täter ist. Dazu gibt es die beiden Punkte "Der Täter ist" und "Wenn ich mich trotzdem entscheiden müsste". Hier kann einer der Täter angekreuzt werden (wenn Sie einen eigenen Tatverdächtigen haben, muss dieser hier ergänzt werden). Kreuzen Sie hier jeweils genau einen Täter an, nicht mehrere.

Der erste Punkt "Der Täter ist" soll genau wiedergeben, was Sie glauben, wer den Mord begangen hat. Aus diesem Grund gibt es hier auch die zusätzliche Option "kann ich nicht sagen". Sollten Sie der Meinung sein, dass Sie noch zu wenige Informationen haben und sich tatsächlich nicht entscheiden können, wer der Täter ist, dann kreuzen Sie diese Option an.

Der zweite Punkt "Wenn ich mich trotzdem entscheiden müsste" wird nur angekreuzt, wenn Sie bei "Der Täter ist" die Option "kann ich nicht sagen" gewählt haben. Gehen Sie diesmal davon aus, dass die Geschichte an dieser Stelle vorbei ist und Sie einen der Tatverdächtigen ins Gefängnis schicken müssten. Wen würden Sie in diesem Fall am ehesten verdächtigen? Kreuzen Sie genau diese Person an.

Damit ist alles erklärt, was Sie zur Teilnahme an dem Experiment wissen müssen. Wenn sie sich die Tabellen und den Fragebogen kopiert haben, können sie in Kapitel 2.4 mit dem Experiment starten. Es empfiehlt sich, die einzelnen Teile der Geschichte in zeitlich nicht zu großen Abständen zu lesen, damit Sie die Geschichte noch im Kopf haben. Sollten Sie während des Lesens jedoch müde werden, ist es besser, eine Pause einzulegen.

2.3 Fragebogen und Tabellen

Fragebogen

Kontakt

Name: ____________________ Vorname: ____________________

Email-Adresse: ____

und / oder

Anschrift: ____

[ ] Ja, ich möchte bitte über Ergebnisse des Experiments per Email informiert werden.

Persönliches

Geschlecht: ________

Alter: __________

Beruf: ____________________________

Letzter Abschluss: ____________________

Leseverhalten

Haben Sie die Geschichte "Die spanische Truhe"
von Agatha Christie bereits gelesen?

[ ] ja [ ] nein

Lesen Sie viel von Agatha Christie?

[ ] Ich habe alle Krimis von Agatha Christie gelesen.
[ ] Ich lese häufig Krimis von Agatha Christie.
[ ] Ich lese gelegentlich Krimis von Agatha Christie.
[ ] Ich habe wenige Krimis von Agatha Christie gelesen.
[ ] Ich habe bisher gar nichts von Agatha Christie gelesen.

Lesen Sie häufig Kriminalromane ?

[ ] Fast ausschließlich.
[ ] Sehr häufig.
[ ] Hin und wieder.
[ ] Eher selten.
[ ] Fast gar nicht / gar nicht.

Wieviele Kriminalromane lesen Sie schätzungsweise pro Monat?

____

Haben Sie Shakespeares Othello gelesen?

[ ] ja [ ] nein

Die Spanische Truhe - Teil 1

Tabelle

	kein Alibi	Tatwaffe	Motiv	Wissen	Verdacht	________
Margharita Clayton						
Major Rich						
Commander McLaren						
Jeremy Spence						
Linda Spence						
William Burgess						
________						

Wichtigkeit

kein Alibi	Tatwaffe	Motiv	Wissen	Verdacht	________

Der Täter ist (nur eine Option ankreuzen)

Margharita Clayton	Major Rich	Cmd. McLaren	Jeremy Spence	Linda Spence	William Burgess	________	kann ich nicht sagen
O	O	O	O	O	O	O	O

Wenn ich mich trotdem entscheiden müsste (nur eine Option ankreuzen)

Margharita Clayton	Major Rich	Cmd. McLaren	Jeremy Spence	Linda Spence	William Burgess	________
O	O	O	O	O	O	O

Bemerkungen:

Die Spanische Truhe - Teil 2

Tabelle

	kein Alibi	Tatwaffe	Motiv	Wissen	Verdacht	________
Margharita Clayton						
Major Rich						
Commander McLaren						
Jeremy Spence						
Linda Spence						
William Burgess						
________________						

Wichtigkeit

kein Alibi	Tatwaffe	Motiv	Wissen	Verdacht	________

Der Täter ist (nur eine Option ankreuzen)

Margharita Clayton	Major Rich	Cmd. McLaren	Jeremy Spence	Linda Spence	William Burgess	________	kann ich nicht sagen
O	O	O	O	O	O	O	O

Wenn ich mich trotdem entscheiden müsste (nur eine Option ankreuzen)

Margharita Clayton	Major Rich	Cmd. McLaren	Jeremy Spence	Linda Spence	William Burgess	________
O	O	O	O	O	O	O

Bemerkungen:

Die Spanische Truhe - Teil 3

Tabelle

	kein Alibi	Tatwaffe	Motiv	Wissen	Verdacht	________
Margharita Clayton						
Major Rich						
Commander McLaren						
Jeremy Spence						
Linda Spence						
William Burgess						
________________						

Wichtigkeit

kein Alibi	Tatwaffe	Motiv	Wissen	Verdacht	________

Der Täter ist (nur eine Option ankreuzen)

Margharita Clayton	Major Rich	Cmd. McLaren	Jeremy Spence	Linda Spence	William Burgess	________	kann ich nicht sagen
O	O	O	O	O	O	O	O

Wenn ich mich trotdem entscheiden müsste (nur eine Option ankreuzen)

Margharita Clayton	Major Rich	Cmd. McLaren	Jeremy Spence	Linda Spence	William Burgess	________
O	O	O	O	O	O	O

Bemerkungen:

Die Spanische Truhe - Teil 4

Tabelle

	kein Alibi	Tatwaffe	Motiv	Wissen	Verdacht	________
Margharita Clayton						
Major Rich						
Commander McLaren						
Jeremy Spence						
Linda Spence						
William Burgess						
________________						

Wichtigkeit

kein Alibi	Tatwaffe	Motiv	Wissen	Verdacht	________

Der Täter ist (nur eine Option ankreuzen)

Margharita Clayton	Major Rich	Cmd. McLaren	Jeremy Spence	Linda Spence	William Burgess	________	kann ich nicht sagen
O	O	O	O	O	O	O	O

Wenn ich mich trotdem entscheiden müsste (nur eine Option ankreuzen)

Margharita Clayton	Major Rich	Cmd. McLaren	Jeremy Spence	Linda Spence	William Burgess	________
O	O	O	O	O	O	O

Bemerkungen:

2.4 Start des Experiments

Füllen Sie als erstes den Fragebogen aus. Ihre Email-Adresse oder Kontakt-Daten werden nur für eventuelle Rückfragen verwendet und **nicht** digital gespeichert. Ihre Angaben während des Experiments werden in jedem Fall zur späteren Bearbeitung anonymisiert. Wenn Sie diese Angaben nicht machen möchten, lassen Sie die entsprechenden Felder im Bereich "Kontakt" einfach weg. Ihre Email-Adresse wird auch benötigt, wenn Sie später Informationen zu den Ergebnissen dieses Experiments erhalten möchten.

Alle weiteren Angaben wie Alter, Beruf, Lesegewohnheiten, etc. sind für die spätere Auswertung wichtig. Diese Angaben werden nachher nicht mit Ihrer Person in Verbindung gebracht. Sollten Sie bestimmte Angaben trotzdem nicht machen wollen, dann lassen Sie die entsprechenden Angaben einfach aus.

Nachdem Sie den Fragebogen ausgefüllt haben, nehmen Sie sich die Tabelle "Die spanische Truhe – Teil 1". Tragen Sie in die gesamte Tabelle mit Bleistift Nullen ein. Diese Nullen bedeuten praktisch, dass Sie zu Beginn noch nichts wissen, noch hat also niemand ein Motiv oder Zugang zur Tatwaffe, weil Sie den Text noch nicht gelesen haben. Wenn sich Ihre Meinung über einen der Punkte während des Lesens ändert, dann ändern Sie auch direkt den entsprechenden Eintrag in der Tabelle. Wenn also aus Ihrer Sicht klar wird, dass Major Rich gewusst haben muss, wo sich das Opfer Arnold Clayton zur Tatzeit befunden hat, dann radieren Sie die 0 in dem Kästchen bei Zeile "Major Rich" und Spalte "Wissen" aus und tragen Sie die Zahl zwischen 1 und 10 ein, die Ihrer Meinung nach am besten angibt, wie sehr diese Eigenschaft auf Major Rich zutrifft.

Sollten Sie, wie bereits erwähnt, irgendwann der Meinung sein, ein weiteres Entscheidungskriterium zur Lösung des Falls zu benötigen, oder eine ganz andere Person verdächtigen, dann tragen Sie das Kriterium oder die Person während des Lesens entsprechend in die leere Spalte oder die leere Zeile ein. Füllen Sie dann auch alle zugehörigen Stellen mit Zahlen zwischen 0 und 10 aus, so dass die zugehörige Spalte oder Zeile komplett gefüllt ist. Radieren Sie auch hier die Werte aus und tragen die neuen Werte ein, wenn sich etwas geändert hat. Radieren Sie aber einmal eingefügte neue Kriterien oder Personen nicht wieder komplett aus. Wenn Sie merken, dass Sie sich vertan haben, reicht es, alle Werte der Zeile oder Spalte wieder auf 0 zu setzen.

Unter "Bemerkungen" können Sie alles notieren, was Ihnen während des Lesens wichtig erscheint. Insbesondere können Sie hier eintragen, warum Sie ein neues Kriterium oder einen neuen Tatverdächtigen eingefügt haben, wenn Sie dies getan haben sollten. Denken Sie aber daran, dass nach Möglichkeit alles, was Sie in die Bemerkungen schreiben, auch den Weg in die Tabelle finden sollte.

Die Punkte "Wichtigkeit", "Der Täter ist" und "Wenn ich mich trotzdem entscheiden müsste" bleiben zunächst offen.

Jetzt können sie mit dem Lesen des ersten Textteils "Die spanische Truhe – Teil 1" in Kapitel 2.5 beginnen.

2.5 Die spanische Truhe – Teil 1

Pünktlich auf die Minute, wie immer, betrat Hercule Poirot den kleinen Raum, wo Miss Lemon, seine tüchtige Sekretärin, ihre Instruktionen für den Tag erwartete.

Auf den ersten Blick schien Miss Lemon gänzlich aus Kanten und Winkeln zu bestehen und befriedigte somit Poirots Bedürfnis nach Symmetrie.

Womit jedoch nicht gesagt sein soll, dass Poirot sich sonst bei Frauen von seiner Leidenschaft für geometrische Präzision beherrschen ließ. Im Gegenteil, er war altmodisch und hatte eine kontinentale Vorliebe für Kurven – ja sogar für üppige Kurven. Frauen sollten in seinen Augen Frauen sein. Er liebte sie wohlgerundet, farbenprächtig, exotisch.

Doch Miss Lemon hatte er nie als Frau betrachtet. Sie war eine menschliche Maschine – ein Präzisionsinstrument. Von nahezu erschreckender Tüchtigkeit. Sie war achtundvierzig Jahre alt und besaß auch nicht die geringste Spur von Phantasie.

"Guten Morgen , Miss Lemon."

"Guten Morgen, Monsieur Poirot."

Poirot setzte sich hin, und Miss Lemon legte die sorgfältig nach Kategorien geordnete Morgenpost vor ihn auf den Tisch. Dann nahm sie wieder Platz und saß mit gezücktem Bleistift und aufgeschlagenem Stenogrammblock erwartungsvoll da.

Aber dieser Morgen sollte eine leichte Änderung in der gewohnten Routine bringen. Poirot hatte die Morgenzeitung bei sich, und sein Blick glitt voller Interesse über die großen, fetten Schlagzeilen. DAS GEHEIMNIS DER SPANISCHEN TRUHE. NEUESTE ENTHÜLLUNGEN.

"Sie haben gewiss die Morgenzeitungen gelesen, Miss Lemon?"

"Ja, Monsieur Poirot. Die Nachrichten aus Genf klingen nicht sehr gut."

Mit einer umfassenden Handbewegung fegte Poirot die Nachrichten aus Genf beiseite.

"Eine spanische Truhe", sagte er sinnend vor sich hin. "Können Sie mir verraten, Miss Lemon, was man eigentlich unter einer spanischen Truhe versteht?"

"Ich nehme an, Monsieur Poirot, dass es eine Truhe ist, die ursprünglich aus Spanien stammte."

"Das sollte man vernunftgemäß annehmen. Sie besitzen also auch keine genaueren Kenntnisse?"

"Diese Truhen stammen gewöhnlich aus der Elisabethanischen Zeit, glaube ich. Sie sind geräumig und reichlich mit Messingbeschlägen verziert. Wenn sie gut gepflegt und poliert werden, sehen sie recht nett aus. Meine Schwester hat eine solche Truhe bei einer Auktion erstanden und bewahrt Leinenwäsche darin auf."

"Ich bin überzeugt, dass in einem Haus, das einer Ihrer Schwestern gehört, alles Mobiliar tadellos gepflegt ist", erklärte Poirot mit einer galanten Verbeugung.

Dann blickte er wieder in die Zeitung und studierte die Namen; Major Rich, Mr und Mrs Clayton, Commander McLaren, Mr und Mrs Spence. Namen, nichts weiter als Namen für ihn. Und doch waren sie alle menschliche Individuen, besessen von Hass, Liebe Furcht. Ein Drama, in dem er, Hercule Poirot, keine Rolle spielte. Dabei hätte er sich so gern damit befasst. Sechs Menschen auf einer Abendgesellschaft, in einem Raum mit einer großen spanischen Truhe an der Wand, sechs Menschen, von denen fünf schwatzten, schmausten, Schallplatten auflegten, tanzten, und der sechste tot war, *tot in der spanischen Truhe …*

Ach, seufzte Poirot. Was für einen Spaß mein lieber Freund Hastings an diesem Problem gehabt hätte! Die Sprünge, die seine romantische Phantasie gemacht haben würde! Was für Torheiten er geäußert hätte! Ah, *ce cher* Hastings, wie sehr ich ihn in diesem Augenblick vermisse …

Sein Blick wanderte zu Miss Lemon hinüber. Miss Lemon, die klugerweise merkte, dass Poirot nicht in der Stimmung war, Briefe zu diktieren, hatte die Schutzhülle von ihrer Schreibmaschine genommen und wartete auf den Moment, wo sie mit ihrer gestern liegen gebliebenen Arbeit fortfahren konnte. Nichts hätte sie weniger interessieren können als unheimliche spanische Truhen, die Leichen enthielten.

Abermals seufzend blickte Poirot auf ein Porträtfoto hinab. Zeitungsreproduktionen waren nie besonders gut, und diese Aufnahme war entschieden verschmiert – aber was für ein Gesicht! *Mrs Clayton, die Gattin des Ermordeten …*

Einer plötzlichen Eingebung folgend, schob er Miss Lemon die Zeitung hin.

"Sehen Sie mal", gebot er. "Betrachten Sie einmal dieses Gesicht."

Miss Lemon leistete gehorsam und emotionslos seiner Aufforderung Folge.

"Was halten Sie von ihr, Miss Lemon? Das ist Mrs Clayton."

Miss Lemon warf noch einen zweiten gleichgültigen Blick auf das Bild und bemerkte dann:

"Sie ähnelt ein wenig der Frau unseres Bankdirektors in Croydon Heath."

"Interessant", meinte Poirot. "Seien Sie doch so gut und erzählen Sie mir etwas über diese Bankdirektorsfrau."

"Nun, es ist eigentlich keine sehr angenehme Geschichte, Monsieur Poirot."

"Das habe ich mir bereits gedacht. Fahren Sie bitte fort."

"Es gab viel Gerede – über Mrs Adams und einen jungen Künstler. Dann erschoss Mr Adams sich. Aber Mrs Adams wollte den anderen Mann nicht heiraten, und er versuchte, sich zu vergiften, wurde jedoch gerettet. Schließlich heiratete Mrs Adams einen jungen Rechtsanwalt. Es folgten weitere Unannehmlichkeiten, glaube ich. Aber um die Zeit hatten wir Croydon Heath bereits verlassen, und ich habe nicht mehr viel darüber gehört."

Hercule Poirot nickte ernst. "Sie war wohl sehr schön, ja?"

"Nun, schön im eigentlichen Sinne wohl nicht. Aber sie schien etwas an sich zu haben …"

"Ganz richtig. Was ist dieses gewisse Etwas, das sie besitzen. die Sirenen dieser Welt? Frauen wir die schöne Helena, Kleopatra …?"

Miss Lemon schon energisch einen Bogen Papier in ihre Maschine.

"Wirklich, Monsieur Poirot, darüber habe ich nie nachgedacht. Es erscheint mir alles sehr töricht. Wenn die Menschen sich nur an ihre Arbeit halten und über solche Dinge nicht nachdenken wollten, wäre alles viel besser."

Nachdem Miss Lemon menschliche Schwächen und Leidenschaften auf diese Weise kategorisch abgetan hatte, ließ sie ihre Finger leicht auf den Maschinentasten ruhen, voller Ungeduld, endlich mit ihrer Arbeit beginnen zu können.

"Das ist *Ihre* Ansicht", meinte Poirot. "Und in diesem Augenblick ist Ihr ganzes Verlangen darauf gerichtet, mit Ihrer Arbeit fortfahren zu dürfen. Aber Ihre Arbeit, Miss Lemon, besteht nicht nur darin, meine Korrespondenz zu erledigen, meine Briefe abzulegen und meine Telefongespräche entgegenzunehmen. Alle diese Dinge erledigen Sie in bewundernswerte Weise. Ich aber habe nicht nur mit Dokumenten zu tun, sondern auch mit menschlichen Wesen. Und dabei brauche ich ebenfalls Unterstützung."

"Gewiss, Monsieur Poirot", lautete die geduldige Erwiderung.

"Dieser Fall interessiert mich, und es, würde mich freuen, wenn Sie die Berichte darüber in allen Morgenzeitungen und auch die späteren Berichte in den Abendzeitungen durchläsen und mir ein Resümee des Tatsachenbestandes anfertigten."

"Sehr wohl, Monsieur Poirot."

Poirot zog sich in sein Wohnzimmer zurück.

Zu gegebener Zeit erschien Miss Lemon bei ihm mit einem getippten Bericht.

"Ich habe hier die gewünschten Informationen, Monsieur Poirot. Allerdings fürchte ich, dass sie nicht als besonders zuverlässig anzusehen sind. Die Berichte der verschiedenen Zeitungen weichen beträchtlich voneinander ab. Ich möchte den angegebenen Tatsachen nicht mehr als sechzig Prozent Genauigkeit zubilligen."

"Das ist wahrscheinlich eine konservative Schätzung", murmelte Poirot. "Vielen Dank, Miss Lemon, für die Mühe, die Sie sich gemacht haben."

Der Fall selbst war sensationell, aber ziemlich klar. Major Rich, ein wohlhabender Junggeselle, hatte einige seiner Freunde zu einer Abendgesellschaft in seine Wohnung geladen. Diese Freunde waren Mr und Mrs Clayton, Mr und Mrs Spence und Commander McLaren. Commander McLaren war mit Rich und den Claytons schon sehr lange befreundet. Mr und Mrs Spence, ein jüngeres Ehepaar, waren ziemlich neue Bekannte. Arnold Clayton arbeitete im Schatzamt. Jeremy Spence war ein jüngerer Beamter der Zivilverwaltung. Major Rich war achtundvierzig, Arnold Clayton fünfundfünfzig, Commander McLaren sechsundvierzig und Jeremy Spence siebenunddreißig. Mrs Clayton war, wie es hieß, "einige Jahre jünger als ihr Gatte". Eine dieser Personen war nicht in der Lage, an der Abendgesellschaft teilzunehmen. Mr Clayton wurde im letzten Augenblick wegen dringender Geschäfte nach Schottland gerufen, und es wurde angenommen, dass er mit dem Zug um 20.15 Uhr vom Bahnhof Kings Cross abgefahren sei.

Die Party verlief wie die meisten solcher Veranstaltungen. Allen schien es gut zu gefallen. Man war aber weder besonders ausgelassen noch betrunken und brach gegen Viertel vor zwölf auf. Die vier Gäste gingen zusammen fort und nahmen gemeinsam ein Taxi. Commander McLaren wurde als erster bei seinem Klub abgesetzt. Dann brachten die Spences Margharita Clayton nach Cardigan Gardens und fuhren schließlich weiter zu ihrem Haus in Chelsea.

Die gruselige Entdeckung wurde am nächsten Morgen gemacht, und zwar von William Burgess, Major Richs Diener, der nicht im Hause wohnte. Er erschien sehr früh, um das Wohnzimmer aufzuräumen, ehe er Major Rich mit der frühmorgendlichen Tasse Tee weckte. Während Burgess mit seinen Arbeiten beschäftigt war, entdeckte er plötzlich voller Schrecken einen großen, hässlichen Fleck auf dem hellen Teppich, auf dem die spanische Truhe stand. Der Diener hob sofort den Deckel der Truhe und blickte hinein. Voller Entsetzen sah er darin die Leiche des Mr Clayton, der offenbar erstochen worden war. Seinem ersten Impuls gehorchend stürzte Burgess auf die Straße und holte den nächsten Polizisten.

Das waren die nackten Tatsachen. Aber es wurden noch weitere Einzelheiten erwähnt. Die Polizei hatte Mrs Clayton sofort vom Tod ihres Mannes in Kenntnis gesetzt, und sie war "völlig niedergeschmettert". Sie hatte ihren Mann am Abend zuvor kurz nach sechs zum letzten Mal gesehen. Er war verärgert nach Hause gekommen, da er in einer dringenden geschäftlichen Angelegenheit, die etwas mit einem seiner Besitztümer zu tun hatte, nach Schottland gerufen worden war, und hatte seine Frau gedrängt, ohne ihn an der Abendgesellschaft teilzunehmen. Mr Clayton hatte dann seinen Klub aufgesucht, zu dem auch Commander McLaren gehörte, und bei einem Glas Whiskey seinem Freund die Sachlage erklärt. Nach einem Blick auf seine Uhr hatte er dann geäußert, dass er auf seinem Weg nach King's Cross gerade noch Zeit habe, bei Major Rich vorbeizuschauen und ihm die Sache auseinanderzusetzen. Er hatte schon versucht, ihn telefonisch zu erreichen, aber keinen Anschluss bekommen.

Laut William Burgess' Aussage erschien Mr Clayton gegen neunzehn Uhr fünfundfünfzig. Major Rich war nicht zu Hause, musste aber jeden Augenblick kommen. Burgess schlug Mr Clayton daher vor, einzutreten und zu warten. Clayton sagte, er habe keine Zeit, da er auf dem Weg zum Bahnhof sei, würde aber gern ein paar Zeilen für Major Rich hinterlassen. Daraufhin führte der Diener ihn ins Wohnzimmer und ging selbst in die Küche zurück, wo er mit der Zubereitung von Appetithäppchen für die Party beschäftigt war. Der Diener hörte seinen Herrn nicht zurückkehren, aber etwa zehn Minuten später trat Major Rich in die Küche und bat ihn, eiligst türkische Zigaretten zu besorgen, da diese von Mrs Spence bevorzugt würden. Der Diener kam der Aufforderung nach und brachte die Zigaretten seinem Herrn ins Wohnzimmer. Mr Clayton war nicht mehr da, und der Diener nahm natürlich an, dass er bereits fortgegangen sei, um seinen Zug zu erreichen.

Major Richs Schilderung war kurz und schlicht. Mr Clayton war nicht in der Wohnung, als er selbst zurückkehrte, und er hatte keine Ahnung, dass er dort gewesen war. Er hatte keine Zeilen vorgefunden und von Claytons Schottlandreise erst erfahre, als Mrs Clayton und die anderen Gäste eintrafen.

Die Abendzeitungen brachten zwei weitere Notizen. Die "niedergeschmetterte" Mrs Clayton hatte ihre Wohnung in Cardigan Gardens verlassen, und man nahm an, dass sie sich bei Freunden aufhalte.

Die andere Notiz erschien unter der Rubrik "Letzte Meldungen": Major Charles Rich war des Mordes an Arnold Clayton beschuldigt und in Untersuchungshaft genommen worden.

"Das wär's also", meinte Poirot und blickte zu Miss Lemon auf. "Die Verhaftung des Majors war zu erwarten. Aber was für ein merkwürdiger Fall" Ein *sehr* merkwürdiger Fall! Finden Sie nicht auch?"

"So etwas passiert ja wohl, Monsieur Poirot", erwiderte Miss Lemon ohne besonderes Interesse.

"Oh, gewiss! So etwas passiert jeden Tag. Oder beinahe jeden Tag. Aber gewöhnlich sind derartige Vorkommnisse ganz verständlich – wenn auch betrüblich."

"Es ist bestimmt eine sehr unangenehme Sache."

"Erstochen und in eine spanische Truhe gesteckt zu werden, ist gewiss unangenehm für das Opfer – ganz entschieden. Aber wenn ich von einem merkwürdigen Fall spreche, so bezieht sich das auf das merkwürdige Verhalten des Major Rich."

Miss Lemon sage in leicht abfälligem Ton:

"Man scheint zu vermuten, dass Major Rich und Mrs Clayton sehr eng befreundet waren … Es war eine Andeutung und keine erwiesene Tatsache. Daher habe ich es in meinem Resümee nicht erwähnt."

"Sehr richtig von Ihnen. Aber es ist eine Folgerung, die ins Auge springt! Ist das alles, was Ihnen dazu einfällt?"

Miss Lemon blickte ausdruckslos vor sich hin. Poirot dachte mit einem Seufzer an die lebhafte Phantasie seines Freundes Hastings. Die Diskussion eines Falles mit Miss Lemon war eine mühsame Arbeit.

"Betrachten wir einmal diesen Major Rich. Er ist in Mrs Clayton verliebt – zugegeben … Er will ihren Gatten beiseite schaffen – auch das räumen wir ein, obgleich man sich fragt: Wenn Mrs Clayton in ihn verliebt ist und die beiden ein Verhältnis miteinander haben, warum pressiert's dann so? Will Mr Clayton sich vielleicht nicht von seiner Frau scheiden lassen? Doch davon will ich nicht reden. Major Rich ist ein pensionierter Soldat, und manchmal heißt es, dass Soldaten nicht viel Grips haben. Aber, *tout de même*, ist denn dieser Major Rich ein kompletter Idiot?"

Miss Lemon erwiderte nichts darauf. Sie hielt dies für eine rein rhetorische Frage.

"Nun", fragte Poirot, "was halten *Sie* denn von der ganzen Geschichte?"

"Was *ich* davon halte?", wiederholte Miss Lemon erschrocken. "*Mais oui* – Sie!"

Miss Lemon bemühte sich, der neuen Aufforderung, die ihrem Verstand zugemutet wurde, gerecht zu werden. Sie erging sich nie in irgendwelchen Spekulationen, falls sie nicht direkt dazu aufgefordert wurde. Wenn sie einmal über einen müßigen Augenblick verfügte, beschäftigten sich ihre Gedanken mit den Einzelheiten eines überaus vollkommenen Ablagesystems. Das war ihre einzige geistige Ausschweifung.

"Nun ...", begann sie und brach ab.

"Erzählen Sie mir einfach, was nach Ihrer Ansicht an jenem Abend geschah. Mr Clayton sitzt im Wohnzimmer und schreibt ein paar Zeilen. Major Rich kehrt zurück – was dann?"

"Er findet Mr Clayton vor. Sie haben – ist jedenfalls anzunehmen – einen Wortwechsel, und Major Rich ersticht Mr Clayton. Sobald er sieht, was er getan hat, verbirgt er die – die Leiche in der Truhe. Die Gäste konnten schließlich jeden Augenblick eintreffen."

"Ja, ja. Die Gäste erscheinen! Die Leiche ist in der Truhe. Der Abend vergeht. Die Gäste brechen auf. Und dann?"

"Na, dann geht Major Rich vermutlich zu Bett und ... Oh!"

"Aha", sagte Poirot. "Jetzt geht Ihnen ein Licht auf. Sie haben einen Menschen ermordet und die Leiche in einer Truhe versteckt. Und dann – gehen Sie seelenruhig zu Bett, ohne sich von dem Gedanken stören zu lassen, dass Ihr Diener am nächsten Morgen das Verbrechen entdecken wird."

"Vielleicht hat er nicht damit gerechnet, dass der Diener einen Blick in die Truhe werfen würde."

"Trotz einer großen Blutlache auf dem Teppich?"

"Vielleicht ahnte Major Rich nichts von dem Fleck."

"War es nicht reichlich nachlässig von ihm, sich nicht davon zu überzeugen?"

"Er war wohl etwas aufgeregt", meinte Miss Lemon. Poirot hob verzweifelt die Hände.

Miss Lemon benutzte die Gelegenheit, um sich eiligst aus dem Zimmer zu entfernen.

Das Geheimnis der spanischen Truhe ging Poirot genau genommen, nichts an. Er war im Augenblick mit einem delikaten Auftrag beschäftigt, den ihm eine der großen Ölgesellschaften erteilt hatte. Es handelte sich dabei um einen

Mann in höherer Position, der möglicherweise an fragwürdigen Transaktionen beteiligt war. Eine streng vertrauliche, wichtige und höchst lukrative Aufgabe. Sie war genügend kompliziert, um Poirots Interesse zu fesseln, und hatte den großen Vorteil, dass sie sehr wenig physische Aktivität erforderte. Aber sie war nüchtern und appellierte nur an den Verstand. Verbrechen auf höchster Ebene.

Das Geheimnis der spanischen Truhe dagegen war hochdramatisch und mit Gefühlen durchsetzt; zwei Eigenschaften, vor denen er Hastings oft gewarnt hatte. In dieser Hinsicht war er mit *ce cher Hastings* sehr streng gewesen, und nun war er selbst, genau wie sein Freund, besessen von schönen Frauen, Verbrechen aus Leidenschaft, Eifersucht, Hass und allen anderen romantischen Mordursachen! Er wollte genau darüber Bescheid wissen. Er wollte in Erfahrung bringen, war für Menschen das waren, dieser Major Roch und sein Diener und Margharita Clayton (obgleich er über sie im Bilde zu sein glaubte) und der ermordete Arnold Clayton (denn seiner Ansicht nach war der Charakter des Opfers bei der Lösung eines Mordfalles von allergrößter Bedeutung) und sogar Commander McLaren, der treue Freund, und Mr und Mrs Spence, die kürzlich erworbenen Bekannten. Und er sah keine Möglichkeit, seine Neugierde zu befriedigen! Später am Tage kehrten seine Gedanken zu diesem Thema zurück.

Warum fesselte ihn dieser Vorfall eigentlich so sehr? Nach einiger Überlegung kam er zu dem Schluss, dass ihn das Problem so reizte, weil das Ganze im Hinblick auf die Beziehung der Tatsachen zueinander eigentlich ein Ding der Unmöglichkeit war!

Er überflog noch einmal die akzeptierbaren Tatbestände. Zunächst ein Wortwechsel zwischen zwei Männern. Ursache vermutlich eine Frau. Im Eifer des Gefechts brachte der eine den anderen um. Ja, das kam vor – obwohl es einleuchtender wäre, wenn der Ehemann den Liebhaber beseitigt hätte. Immerhin, der Liebhaber hatte den Ehemann getötet, ihn mit einem Dolch erstochen – irgendwie eine ziemlich unwahrscheinliche Waffe. Hatte Major Rich vielleicht eine italienische Mutter? Sicherlich existierte irgendwo eine Erklärung für die Wahl eines Dolches als Waffe. Jedenfalls musste man den Dolch akzeptieren (in manchen Zeitungen wurde er als Stilett bezeichnet). Er war eben zur Hand und wurde benutzt. Die Leiche wurde dann in der Truhe versteckt. Das war gesunder Menschenverstand und unvermeidlich. Das Verbrechen war nicht vorausgeplant, und da der Diener jeden Augenblick zurückkehren konnte und vier Gäste in Kürze eintreffen würden, schien es die einzige Möglichkeit zu sein.

Die Party steigt und geht zu Ende, die Gäste brechen auf – der Diener ist bereits fort –, und Major Rich geht zu Bett!

Um das zu verstehen, musste man Major Rich sehen und herausfinden, was das für ein Mensch war, der so handeln konnte.

Hatte er vielleicht, überwältigt von dem Entsetzen über seine Tat und von der großen Anstrengung, den langen Abend hindurch natürlich zu erscheinen, eine Schlaftablette genommen, die ihn in einen so tiefen Schlummer versetzte, dass er nicht um die gewohnte Zeit wach wurde? Möglich. Oder aber handelte es sich um das psychologische Phänomen, dass das Schuldgefühl in Major Richs Unterbewusstsein nach Aufdeckung des Verbrechens verlangte? Um in dieser Hinsicht zu einer Entscheidung zu gelangen, war es unbedingt erforderlich, Major Rich kennen zu lernen. Es ließ sich alles zurückführen auf – Das Telefon läutete. Poirot ließ es eine Weile klingeln, bis ihm dämmerte, dass Miss Lemon bereits nach Hause gegangen war. Also nahm er den Höre ab.

"Monsieur Poirot?"

"Am Apparat."

"Oh, wie herrlich!" Poirot war ein wenig erstaunt über die Glut in der bezaubernden weiblichen Stimme. "Hier ist Abbie Chatterton." – "Ah, Lady Chatterton. Was kann ich für Sie tun?"

"Kommen Sie so rasch wie möglich zu einer absolut schauderhaften Cocktailparty, die ich gerade gebe. Nicht unbedingt wegen der Cocktailparty – sondern wegen einer ganz anderen Geschichte. Bitte, *bitte*, lassen Sie mich nicht im Stich! Sagen Sie bloß nicht, dass Sie es nicht einrichten können."

Poirot hatte nicht die geringste Absicht, die Einladung anzulehnen. Lord Chatterton war, abgesehen von seiner Peerswürde und der Tatsache, dass er gelegentlich eine langweilige Rede im Oberhaus hielt, keine bemerkenswerte Persönlichkeit. Doch Lady Chatterton war einer der strahlendsten Sterne am Himmel der Gesellschaft. Alles, was sie tat oder sagte, war ein Ereignis. Sie besaß Verstand, Schönheit, Originalität und genug Energie, um eine Rakete zum Mond zu befördern.

Sie sagte nochmals:

"Ich brauche Sie. Zwirbeln Sie einfach Ihren wundervollen Schnurrbart mit kühnem Schwung, und kommen Sie!"

Ganz so rasch ging es allerdings nicht. Zunächst einmal machte Poirot aufs sorgfältigste Toilette. Dann erst zwirbelte er seinen Schnurrbart und machte sich auf den Weg.

Die Tür zu Lady Chattertons bezauberndem Haus in der Cheriton Street war angelehnt, und aus dem Innern drang ein Geräusch, das einer Meuterei im Zoo glich. Lady Chatterton führte gerade eine lebhafte Unterhaltung mit zwei Berühmtheiten, einem international bekannten Fußballspieler und einem amerikanischen Evangelisten. Aber als Poirot eintrat, wandte sie sich sofort von ihnen ab und eilte auf den neuen Gast zu.

"Monsieur Poirot, wie wunderbar, dass Sie gekommen sind! Nein, trinken Sie nicht diesen garstigen Martini. Ich habe etwas Besonderes für Sie – eine Art Sirup, den die Scheiche in Marokko trinken. Ich habe ihn oben in meinem kleinen Zimmer."

Auf dem Weg dorthin erwähnte sie:

"Ich habe diese Party nicht abgeblasen, weil es ungeheuer wichtig ist, dass keiner ahnt, was hier vor sich geht, und ich habe den Dienstboten unerhörte Belohnungen versprochen, wenn nichts ausgeplappert wird. Man möchte schließlich nicht sein Haus von Reportern belagert sehen. Und die arme Seele hat auch schon so viel durchmachen müssen."

Lady Chatterton machte im ersten Stock nicht halt, sondern eilte weiter in den nächsten. Keuchend und etwas verblüfft folgte ihr Poirot.

2.6 Notizen und Tabellen für Teil 2

Wenn Sie nun alle Änderungen an der Tabelle entsprechend Ihrer Interpretation von Teil 1 der Geschichte vorgenommen haben, dann tragen Sie die Werte der Tabelle auf dem Bogen "Die spanische Truhe – Teil 1" fest mit einem Kugelschreiber ein.

Füllen Sie auch jetzt den Punkt "Wichtigkeit" aus und geben Sie mit Werten zwischen 1 und 10 an, wie wichtig Sie das entsprechende Kriterium für das Lösen des Falls halten. Verwenden Sie nur dann eine 0, wenn sie glauben, das Kriterium sei absolut unwichtig und würde auch im weiteren Verlauf nicht mehr von Bedeutung sein. (Also genau dann, wenn Sie vorhaben, das Kriterium für den Rest der Geschichte völlig zu ignorieren.) Sollten Sie ein eigenes Kriterium in der Tabelle ergänzt haben, ergänzen Sie es auch unter "Wichtigkeit" und tragen Sie hier ebenfalls einen Wert zwischen 0 und 10 ein.

Kreuzen Sie als nächstes bei "Der Täter ist" genau die Person an, von der Sie glauben, dass sie den Mord begangen hat. Sollten Sie sich partout nicht entscheiden können, wählen Sie die Option "kann ich nicht sagen".

Sollten Sie bei "Der Täter ist" die Option "kann ich nicht sagen" angekreuzt haben, dann tragen Sie jetzt bei "Wenn ich mich trotzdem entscheiden müsste" ein, wen Sie als schuldig bezeichnen würden, wenn Sie eine Entscheidung treffen müssten. Fragen Sie sich einfach, was Sie glauben, wer es am ehesten gewesen sein wird.

Nachdem der Bogen "Die spanische Truhe – Teil 1" nun komplett ausgefüllt ist, übertragen Sie die Tabelle komplett und mit Bleistift auf den Bogen "Die spanische Truhe – Teil 2". Diese Tabelle ist die Ausgangstabelle für das Lesen des zweiten Teils, denn die Informationen, die Sie aus dem ersten Teil erhalten haben, nehmen Sie ja mit in den zweiten Teil.

Nachdem Sie den Bogen "Die spanische Truhe – Teil 2" entsprechend vorbereitet haben, können Sie den nächsten Teil der Geschichte in Kapitel 2.7 lesen. Ändern Sie wieder die Werte der Tabelle während des Lesens und ergänzen Sie, falls unbedingt nötig, Kriterien oder Personen.

2.7 Die spanische Truhe – Teil 2

In der zweiten Etage blieb Lady Chatterton stehen und stieß nach einem raschen Blick über das Geländer eine Tür auf, wobei sie ausrief:

"Ich habe ihn, Margharita! Ich habe ihn! Hier ist er!"

Sie trat triumphierend zur Seite, um Poirot eintreten zu lassen, und machte die beiden rasch miteinander bekannt.

"Das ist Margharita Clayton, eine sehr, sehr liebe Freundin von mir. Sie werden ihr helfen, nicht wahr? Margharita, das ist der wundervolle Hercule Poirot. Er wird alles tun, was du ihm sagst – nicht wahr, lieber Monsieur Poirot?"

Und ohne auf eine Antwort zu warten, die sie offenbar als positiv voraussetzte, stürzte sie aus dem Zimmer und die Treppe hinunter, während sie, wenig schmeichelhaft für ihre Gäste, den beiden über die Schulter zurief:

"Ich muss leider zu all diesen grässlichen Leuten zurück."

Die Frau, die in einem Sessel am Fenster gesessen hatte, erhob sich und kam auf ihn zu. Poirot hätte sie auch erkannt, wenn Lady Chatterton ihren Namen nicht erwähnt hätte: diese breite, sehr breite Stirn, und die grauen, weit auseinander stehenden Augen. Sie trug ein eng anliegendes, hochgeschlossenes Kleid in einem stumpfen Schwarz, das die schönen Linien ihres Körpers und die magnolienhafte Weiße ihrer Haut betonte. Ihr Gesicht war eher apart als schön. Sie war von einer Aura mittelalterlicher Schlichtheit umgeben – von einer seltsamen Unschuld, die, wie Poirot dachte, eine vernichtendere Wirkung ausüben konnte als wollüstige Raffinesse. Wenn sie sprach, klang aus ihren Worten eine gewisse kindliche Offenheit. "Abbie sagt, Sie wollen mir helfen."

Sie blickte ihm ernst und forschend ins Gesicht.

Einen Augenblick lang stand Poirot ganz still und unterzog sie einer genauen Prüfung, was durchaus nicht unhöflich wirkte. Es war eher der freundliche, aber durchdringende Blick, mit dem ein berühmter Arzt einen neuen Patienten betrachtet.

"Sind Sie sicher, Madame", sagte er schließlich, "dass ich Ihnen helfen *kann*?"

Eine leichte Röte stieg in ihre Wangen.

"Ich weiß nicht, was Sie meinen."

"Was wünschen Sie denn von mir, Madame?"

"Oh!" Sie schien überrascht. "Ich dachte, Sie wüssten, wer ich bin."

"Ich weiß, wer Sie sind. Ihr Gatte wurde getötet – erdolcht, und ein gewisser Major Rich ist wegen Mordverdachtes verhaftet worden."

Die Röte in ihren Wangen vertiefte sich.

"Major Rich hat meinen Mann *nicht* getötet."

Pfeilschnell entgegnete Poirot: "Warum nicht?"

Sie starrte ihn verblüfft an. "Wie – wie, bitte?"

"Ich habe Sie verwirrt – weil ich nicht dieselbe Frage gestellt habe wie alle anderen, die Polizei, die Rechtsanwälte ... 'Warum sollte Major Rich Arnold Clayton töten?' Ich aber frage das Gegenteil. Ich frage Sie, Madame, warum Sie davon überzeugt sind, dass Major Rich ihn *nicht* getötet hat."

"Weil" – sie hielt einen Augenblick inne –, "weil ich Major Rich so gut kenne."

"Sie kennen Major Rich so gut", wiederholte Poirot mit ausdrucksloser Stimme. Nach einer kleinen Pause fragte er scharf. "Wie gut?"

Ob sie die Bedeutung seiner Frage verstand, wusste er nicht. Er dachte bei sich: Hier ist eine Frau, die entweder sehr einfach oder sehr raffiniert ist. Viele Menschen müssen versucht haben, das bei Margharita Clayton zu ergründen ...

"Wie gut?" Sie blickte ihn zweifelnd an. "Seit fünf Jahren – nein, es sind fast schon sechs."

"So war das eigentlich nicht gemeint. Sie müssen einsehen, Madame, dass ich Ihnen scheinbar impertinente Fragen stellen muss. Vielleicht werden Sie die Wahrheit sagen, vielleicht aber auch lügen. Frauen müssen sich verteidigen, und die Lüge kann eine gute Waffe sein. Aber es gibt drei Menschen, Madame, denen eine Frau die Wahrheit sagen sollte: ihrem Beichtvater, ihrem Friseur und ihrem Privatdetektiv – wenn sie ihm vertraut. Vertrauen Sie mir, Madame?"

Margharita Clayton holte tief Atem.

"Ja", sagte sie. "Das tue ich." Und setzte hinzu: "Ich muss es ja."

"Na schön. Was soll ich also für Sie tun?" Herausfinden, wer Ihren Gatten ermordet hat?"

"Das auch – ja."

"Aber es ist nicht das Wesentliche, wie? Sie wünschen in erster Linie, dass ich Major Rich von dem Mordverdacht befreie, ja?"

Sie nickte rasch, dankbar.

"Das – und sonst nichts?"

Eine unnötige Frage, das sah er ein. Margharita Clayton war eine Frau, die stets nur eine Sache zur Zeit im Auge hatte.

"Und jetzt eine sehr indiskrete Frage, Madame. Sie und Major Rich sind ineinander verliebt, ja?"

"Wenn Sie damit sagen wollen, dass wir ein Verhältnis miteinander hatten – nein."

"Aber er war in Sie verliebt?"

"Ja."

"Und Sie – waren in ihn verliebt?"

"Ich glaube, ja."

"Sie scheinen nicht ganz sicher zu sein, wie?"

"Doch – jetzt bin ich sicher."

"Aha! Sie haben also Ihren Gatten nicht geliebt?"

"Nein."

"Sie antworten mit bewundernswerter Direktheit. Die meisten Frauen hätten das Verlangen, ihre Gefühle bis ins Einzelne zu erklären. Wie lange waren Sie verheiratet?"

"Elf Jahre."

"Können Sie mir ein wenig über Ihren Gatten erzählen? Was war er für ein Mensch?"

"Das ist schwierig. Ich weiß eigentlich gar nicht, was für ein Mensch Arnold war. Er war sehr ruhig, sehr reserviert. Man konnte seine Gedanken nicht erraten. Natürlich war er klug, jeder sagte, er sei brillant – in seiner Arbeit, meine ich. Aber er – ich weiß nicht, wie ich es ausdrücken soll –, er hat sein ureigenes Wesen nie enthüllt."

"War er in Sie verliebt?"

"O ja. Das muss er schon gewesen sein. Sonst hätte er sich nicht so aufgeregt –" Sie brach plötzlich ab.

"Über andere Männer? Das wollten Sie doch sagen, wie? Er war also eifersüchtig?"

"Das muss er schon gewesen sein." Und dann, als ob sie spürte, dass der Satz einer Erklärung bedurfte, fuhr sie fort:

"Manchmal sprach er tagelang kein Wort mit mir."

Poirot nickte nachdenklich.

"Diese Gewalttätigkeit – die in Ihr Leben gekommen ist. Haben Sie die zum ersten Mal erlebt?"

"Gewalttätigkeit?" Sie runzelte die Stirn und errötete dann. "Meinen Sie etwa den armen jungen Mann, der sich erschossen hat?"

"Ja", erwiderte Poirot. "So etwas habe ich wohl gemeint."

"Ich hatte keine Ahnung, dass er so viel für mich empfand. Er schien so scheu, so einsam zu sein. Er muss sehr ... überspannt, neurotisch gewesen sein. Und dann die beiden Italiener – ein Duell. Es war lächerlich. Jedenfalls ist keiner dabei umgekommen, Gott sei Dank ... Und, offen gestanden, hatte mir an keinem der beiden etwas gelegen. Ich habe nicht einmal Zuneigung vorgetäuscht."

"Nein. Sie waren eben nur – da! Und wo Sie sind – passiert etwas! Die Erfahrung habe ich schon früher gemacht. Eben *weil* Sie gleichgültig sind, werden die Männer zum Wahnsinn getrieben. Aber für Major Rich haben Sie tatsächlich etwas übrig. Daher – müssen wir tun, was wir können."

Er schwieg eine Zeit lang, während sie ernst vor ihm saß und ihn beobachtete.

"Wir wenden uns nun von den Persönlichkeiten ab, die oft das wirklich Wichtige sind, und den einfachen Tatsachen zu. Ich weiß nur, was in den Zeitungen stand. Auf Grund dieser Darstellungen hatten nur zwei Personen Gelegenheit, Ihren Gatten zu töten, *konnten* nur zwei Personen ihn getötet haben – Major Rich oder sein Diener."

Eigensinnig wiederholte sie:

"Ich weiß, dass Charles ihn nicht getötet hat."

"Dann muss es also der Diener gewesen sein. Geben Sie das zu?"

"Ich verstehe, was Sie meinen", sagte sie zweifelnd.

"Aber es will Ihnen nicht so recht einleuchten, ja?"

"Es erscheint einfach – phantastisch!"

"Und doch besteht die Möglichkeit. Ihr Gatte erschien zweifellos in der Wohnung, da seine Leiche dort gefunden wurde. Wenn die Aussage des Dieners auf Wahrheit beruht, hat Major Rich den Mord begangen. Wenn aber die Aussage des Dieners falsch ist? Dann hat der Diener Ihren Gatten getötet und die Leiche vor der Rückkehr seines Herrn in der Truhe versteckt. Von seinem Standpunkt aus eine ausgezeichnete Gelegenheit, die Leiche loszuwerden. Er brauchte nur am nächsten Morgen 'den Blutfleck zu bemerken' und 'die Leiche zu entdecken'. Der Verdacht würde sofort auf Rich fallen."

"Aber warum hätte der Diener meinen Mann töten sollen?"

"Ja, warum? Das Motiv kann nicht auf der Hand liegen. Sonst hätte die Polizei entsprechende Nachforschungen angestellt. Möglicherweise wusste Ihr

Gatte etwas über den Diener, was ihm zur Schande gereichte, und stand im Begriff, Major Rich davon in Kenntnis zu setzen. Hat Ihr Gatte jemals mit Ihnen über diesen Burgess gesprochen?"

Sie schüttelte den Kopf.

"Glauben Sie, dass er es getan hätte, wenn da etwas im Busch gewesen wäre?"

Sie runzelte die Stirn.

"Es ist schwierig, etwas darüber zu sagen. Wahrscheinlich nicht. Er sprach nicht viel über andere Menschen. Wie ich Ihnen schon sagte, war er sehr zurückhaltend."

"Es war also ein Mann, der seine Meinung für sich behielt. Nun, was für eine Meinung haben *Sie* von Burgess?"

"Er ist kein Mann, der einem besonders auffällt. Ein ziemlich guter Diener. Ausreichend, aber nicht besonders geschliffen."

"Wie alt?"

"Etwa sieben- oder achtunddreißig, denke ich. Während des Krieges war er Offiziersbursche, aber kein regelrechter Soldat."

"Wie lange ist er bei Major Rich?"

"Nicht sehr lange. Vielleicht anderthalb Jahre."

"Haben Sie je bemerkt, dass er Ihrem Gatten gegenüber ein merkwürdiges Verhalten an den Tag legte?"

"Wir waren nicht so sehr oft dort. Nein, ich habe überhaupt nichts bemerkt."

"Nun schildern Sie mir bitte die Vorgänge jenes Abends. Um welche Zeit waren Sie geladen?"

"Acht Uhr fünfzehn bis acht Uhr dreißig."

"Und was für eine Party sollte es sein?"

"Nun, gewöhnlich wurden Drinks gereicht, und es gab ein kaltes Buffet – meistens ein sehr gutes. Gänseleberpastete und heißen Toast. Geräucherten Lachs und dergleichen. Manchmal gab es auch ein warmes Reisgericht – Charles hatte ein besonderes Rezept aus dem Nahen Osten mitgebracht –, aber das war meist im Winter. Dann hörten wir häufig Musik – Charles besitzt einen sehr guten Stereoplattenspieler. Mein Mann und Jock McLaren begeisterten sich beide für klassische Musik. Doch wir spielten auch leichtere Rhythmen – die Spences waren leidenschaftliche Tänzer. So war es meistens – ein ruhiger, zwangloser Abend. Charles war ein sehr guter Gastgeber."

"Und glich dieser besondere Abend den anderen Abenden, die Sie dort verbrachten? Sie haben nichts Ungewöhnliches bemerkt? War alles an seinem Platz?"

"Alles an seinem Platz?" Sie runzelte die Stirn. "Eben, als Sie das sagten, hatte ich – nein, es ist wieder verschwunden. Aber da war irgendwas ..." Wiederum schüttelte sie den Kopf. "Nein. Es war überhaupt nichts Ungewöhnliches an dem Abend. Wir hatten viel Spaß. Alle schienen ungezwungen und glücklich zu sein." Sie schauderte. "Und wenn man bedenkt, dass während der ganzen Zeit –"

Poirot hob rasch die Hand.

"Denken Sie nicht daran. Was wissen Sie von den Geschäften, derentwegen Ihr Gatte nach Schottland reisen wollte?"

"Nicht viel. Es handelte sich um den Verkauf von Ländereien, die meinem Mann gehörten. Der Verkauf war offenbar bereits vollzogen, und dann tauchten plötzlich Schwierigkeiten auf."

"Was hat Ihr Gatte Ihnen genau gesagt?"

"Er kam mit einem Telegramm in der Hand zu mir herein. Soweit ich mich entsinnen kann, sagte er: 'Eine höchst ärgerliche Geschichte! Ich muss mit dem Nachtzug nach Edinburgh fahren und morgen früh gleich mit Johnston sprechen. Zu dumm, wenn man schon angenommen hatte, dass die Sache endlich gelaufen sei.' Dann fügte er hinzu: 'Soll ich Jock anrufen und ihn bitten, dich abzuholen?' Und ich erwiderte: 'Unsinn, ich nehme einfach ein Taxi.' Er meinte, dass Jock oder die Spences mich bestimmt nach Hause bringen würden. Ich fragte ihn dann, ob ich ihm beim Packen helfen solle, und er sagte, er würde nur ein paar Sachen in einen Koffer werfen und dann einen kleinen Imbiss im Klub nehmen, ehe er zum Bahnhof gehe. Bald darauf verließ er die Wohnung, und – und das war das letzte Mal, dass ich ihn gesehen habe."

Ihre Stimme brach ein wenig bei diesen Worten. Poirot blickte sie sehr fest an.

"Hat er Ihnen das Telegramm gezeigt?"

"Nein."

"Schade."

"Warum sagen Sie das?"

Poirot beantwortete ihre Frage nicht. Stattdessen fuhr er energisch fort:

"Nun zur Sache. Wie heißen die Anwälte, die Major Rich vertreten?"

Sie gab ihm die gewünschte Auskunft, und er notierte sich die Adresse.

"Wollen Sie mir ein paar Zeilen für sie mitgeben? Ich möchte nämlich Anordnungen treffen, um Major Rich persönlich zu sehen."

"Er – befindet sich in Untersuchungshaft."

"Natürlich. Das ist das übliche Verfahren. Wollen Sie ebenfalls ein paar Zeilen an Commander McLaren und an Ihre Freunde, die Spences, schreiben? Ich möchte mit allen sprechen, und es ist wichtig, dass sie mir nicht gleich die Tür weisen."

Als sie sich vom Schreibtisch erhob, sagte er:

"Noch eins. Ich werde mir natürlich mein eigenes Urteil bilden, aber mittlerweile möchte ich von Ihnen hören, was für einen Eindruck Sie von Commander McLaren und Mr und Mrs Spence haben."

"Jock McLaren ist einer unserer ältesten Freunde. Ich kenne ihn schon seit meiner Kindheit Er macht einen ziemlich strengen Eindruck, aber im Grunde ist er eine gute Seele – immer derselbe, stets zuverlässig. Er ist nicht anregend und amüsant, aber eine ungeheure Stütze. Arnold und ich haben uns oft auf sein Urteil verlassen."

"Und zweifellos ist auch er in Sie verliebt, nicht wahr?" Poirot zwinkerte ein wenig mit dem Auge.

"O ja", erwiderte Margharita heiter. "Er war immer in mich verliebt – aber allmählich ist es ihm gewissermaßen zur Gewohnheit geworden."

"Und die Spences?"

"Sie sind sehr gute Gesellschafter. Linda Spence ist wirklich eine ziemlich gescheite Frau. Arnold hat sich gern mit ihr unterhalten. Außerdem ist sie sehr attraktiv."

"Sind Sie miteinander befreundet?"

"Sie und ich? Gewissermaßen. Obwohl ich sie eigentlich nicht besonders mag. Sie ist mir zu maliziös."

"Und ihr Gatte?"

"Oh, Jeremy ist bezaubernd. Sehr musikalisch. Versteht auch eine Menge von Gemälden. Er und ich gehen oft zusammen ins Kino ..."

"Na ja, ich werde mich selbst überzeugen." Er ergriff ihre Hand. "Hoffentlich bereuen Sie es nicht, Madame, meine Hilfe in Anspruch genommen zu haben."

"Warum sollte ich es bereuen?" Ihre Augen weiteten sich vor Staunen.

"Man kann nie wissen", erwiderte er geheimnisvoll.

"Und ich – ich weiß es auch nicht", murmelte er vor sich hin, als er die Treppe hinab stieg. Die Cocktailparty war noch in vollem Gange, aber er mied die Gastgeberin und gelangte ohne weiteres auf die Straße.

"Nein", wiederholte er. "Ich weiß es auch nicht."

Seine Gedanken waren ganz bei Margharita Clayton.

Diese kindliche Aufrichtigkeit, diese offenherzige Einfalt – waren sie echt? Oder verhüllten sie etwas anderes? Im Mittelalter hatte es solche Frauen gegeben – Frauen, über die sich die Historiker nicht einigen konnten. Er dachte an Maria Stuart, die schottische Königin. Hatte sie in jener Nacht in Kirk o' Fields von der Tat gewusst, die geschehen sollte? Oder war sie völlig unschuldig? Hatten die Verschwörer ihr nichts gesagt? War sie eine dieser kindlich-schlichten Frauen, die sich selbst etwas vormachen und daran glauben können? Er spürte den Zauber, der von Margharita Clayton ausging. Aber von ihrer Unschuld war er nicht völlig überzeugt ...

Solche Frauen konnten, auch wenn sie selbst unschuldig waren, die Ursache schwerer Verbrechen sein.

Solche Frauen konnten, wenn auch nicht in der Tat, so doch in Absicht und Plänen, selbst Verbrecherinnen sein.

Ihre Hand war es nie, die das Messer hielt ...

Und Margharita Clayton – nein, er wusste es wahrhaftig nicht!

Hercule Poirot fand Major Richs Rechtsanwälte nicht sehr entgegenkommend. Er hatte das auch nicht anders erwartet.

Sie ließen durchblicken, dass es eher im Interesse ihres Klienten sei, wenn Mrs Clayton sich *nicht* für ihn einsetzte.

Poirot hatte die Rechtsanwälte auch nur um der "Korrektheit" willen aufgesucht. Er hatte genug Beziehungen zum Ministerium des Inneren und zu Scotland Yard, um die Erlaubnis für ein Gespräch mit dem Häftling zu erlangen.

Inspektor Miller, der den Fall Clayton bearbeitete, wurde von Poirot nicht sonderlich geschätzt. Aber bei dieser Gelegenheit verhielt sich der Inspektor nicht feindselig, sondern nur verächtlich.

"Kann an den alten Tattergreis nicht viel Zeit verschwenden", hatte er zudem Wachtmeister gesagt, ehe Poirot hereingeführt wurde. "Immerhin muss ich wohl höflich zu ihm sein."

"Sie müssen wirklich ein Zauberkünstler sein, Monsieur Poirot, wenn Sie hier etwas erreichen wollen", bemerkte der Inspektor. "Niemand außer Rich hätte den Burschen töten können."

"Und der Diener."

"Oh, das will ich wohl zugeben. Als Möglichkeit natürlich. Aber Sie werden in dieser Richtung nichts entdecken. Überhaupt kein Motiv."

"Das können Sie nicht so ohne weiteres behaupten. Motive sind sehr merkwürdige Gebilde."

"Aber er war mit Clayton gar nicht bekannt, hat eine völlig harmlose Vergangenheit und scheint durchaus richtig im Kopf zu sein. Ich weiß nicht, was Sie sonst noch verlangen."

"Ich möchte beweisen, dass Rich das Verbrechen nicht begangen hat."

"Der Damen zuliebe, wie?" Inspektor Miller grinste. "Sie hat Ihnen wohl zugesetzt. Ziemlich ansehnlich, nicht wahr? *Cherchez la femme* – das passt hier wie die Faust aufs Auge. Wenn sie die Gelegenheit gehabt hätte, wissen Sie, hätte sie es selbst tun können."

"Niemals!"

"Sie werden noch Ihr blaues Wunder erleben. Ich habe so eine Frau gekannt. Räumte sämtliche Ehemänner aus dem Weg, ohne mit den Wimpern ihrer unschuldsvollen Augen zu zucken. Und jedes Mal völlig gebrochen. Die Geschworenen hätten sie am liebsten freigesprochen, wenn es ihnen nur irgend möglich gewesen wäre. Aber das Beweismaterial war unumstößlich."

"Nun, mein Freund, wir wollen nicht darüber disputieren. Ich möchte mich erdreisten, Sie um einige zuverlässige Angaben zu bitten. Was die Zeitungen drucken, ist wohl Neuigkeit – aber nicht immer Wahrheit."

"Na, die müssen auch ihren Spaß haben. Was möchten Sie denn wissen?"

"Die Todeszeit. Und zwar so genau wie möglich, bitte."

"Das kann nicht sehr genau sein, weil die Leiche erst am folgenden Morgen untersucht wurde. Der Tod ist schätzungsweise zehn bis dreizehn Stunden früher eingetreten. Mit anderen Worten: Zwischen sieben und zehn Uhr am Abend zuvor. Der Mörder hat die Schlagader getroffen. Der Tod muss also ziemlich rasch erfolgt sein."

"Und die Waffe?"

"Eine Art italienisches Stilett, ganz klein, aber scharf wie ein Rasiermesser. Niemand hat es je zuvor gesehen oder kann sagen, woher es stammt. Das werden wir aber schon noch herausbekommen. Es erfordert nur etwas Zeit und Geduld."

"Es hätte nicht im Verlauf eines Streites einfach in die Hand genommen werden können?"

"Nein. Der Diener behauptet, dass dergleichen in der Wohnung nicht vorhanden gewesen sei."

"Was mich besonders interessiert, ist das Telegramm", sagte Poirot. "Das Telegramm, das Arnold Clayton nach Schottland rief. War die Aufforderung echt?"

"Nein. Da oben gab es keine Schwierigkeiten. Der Landverkauf verlief ganz normal."

"Wer hat dann das Telegramm geschickt – vorausgesetzt, dass überhaupt ein Telegramm existierte?"

"Es muss ein vorhanden gewesen sein. Nicht, dass wir Mrs Clayton unbedingt Glauben schenken. Aber Clayton hatte auch dem Diener gegenüber erwähnt, dass er telegrafisch nach Schottland gerufen worden sei. Ebenfalls Commander McLaren gegenüber."

"Um welche Zeit hat er mit Commander McLaren gesprochen?"

"Sie nahmen in ihrem Klub gemeinsam einen Imbiss, und zwar gegen Viertel nach sieben. Dann fuhr Clayton in einem Taxi zu Richs Wohnung, wo er kurz vor acht eintraf. Danach ..." Miller machte eine viel sagende Bewegung.

"Hat jemand irgendetwas Merkwürdiges in Richs Verhalten an diesem Abend wahrgenommen?"

"Na, Sie kennen die Menschen ja. Nach dem Ereignis bilden sie sich ein, allerlei entdeckt zu haben, was sie – darauf möchte ich jede Wette eingehen – überhaupt nicht sahen. So behauptet Mrs Spence, Rich sei den ganzen Abend über sehr zerstreut gewesen, habe nicht immer eine richtige Antwort gegeben, als ob er 'etwas auf der Seele habe'. Und das hatte er ja wohl auch, wenn er eine Leiche in der Truhe hatte! Er musste sich doch den Kopf darüber zerbrechen, wie er den verwünschten Kadaver fortschaffen könne!"

"Warum hat er ihn denn nicht fortgeschafft?"

"Da fragen Sie mich zu viel. Hat vielleicht den Mut verloren. Aber es war heller Wahnsinn, es bis zum nächsten Tag aufzuschieben. Er hatte die allerbeste Chance in der Nacht. Es war nämlich kein Nachtportier da. Er hätte seinen Wagen holen, die Leiche im Kofferraum verstauen, aufs Land hinausfahren und sie irgendwo abladen können. Vielleicht wäre er beim Verstauen der Leiche gesehen worden.

2.8 Notizen und Tabellen für Teil 3

An dieser Stelle gehen Sie wieder genau so vor, wie am Ende des ersten Teils der Geschichte. Tragen Sie die Werte Ihrer Tabelle auf dem Bogen "Die spanische Truhe – Teil 2" mit Kugelschreiber fest ein, und füllen Sie die Punkte "Wichtigkeit", "Der Täter ist" und ggf. den Punkt "Wenn ich mich trotzdem entscheiden müsste" aus.

Beim Ausfüllen des Punkts "Wichtigkeit" können Sie gerne noch einmal einen Blick auf die Werte werfen, die Sie auf dem ersten Bogen eingetragen haben. Überlegen Sie, ob sich Ihre Ansicht während des Lesens des zweiten Teils eventuell geändert hat und passen Sie die Werte entsprechend an, falls nötig.

Jetzt sollte auch der Bogen "Die spanische Truhe – Teil 2" komplett ausgefüllt sein. Übertragen Sie die Tabelle des zweiten Bogens mit Bleistift auf die Tabelle des Bogens "Die spanische Truhe – Teil 3". Mit diesem Bogen starten Sie nun in den dritten Teil der Geschichte und können in Kapitel 2.9 weiterlesen. Ändern Sie wieder die mit Bleistift eingetragenen Werte der Tabelle während des Lesens und schreiben Sie ggf. Bemerkungen auf.

2.9 Die spanische Truhe – Teil 3

Aber das Haus liegt in einer Seitenstraße, und außerdem ist ein Hof vorhanden. Gegen drei Uhr morgens, sagen wir mal, hätte er eine gute Gelegenheit gehabt. Aber was tut er stattdessen? Geht zu Bett, schläft bis in die Puppen und findet beim Erwachen die Polizei in der Wohnung!"

"Er ging zu Bett und schlief gut, genau wie ein unschuldiger Mann."

"Wenn Sie wollen, können Sie es auch so auslegen. Aber glauben Sie das tatsächlich?"

"Die Frage kann ich erst beantworten, wenn ich den Mann mit eigenen Augen gesehen habe."

"Glauben Sie etwa, einem Menschen die Unschuld an der Nasenspitze ansehen zu können? So einfach ist das nun auch wieder nicht."

"Das weiß ich, und ich würde nicht im Traum daran denken, eine so kühne Behauptung aufzustellen. Ich will mir nur klar darüber werden, ob der Mann wirklich so dumm ist, wie es den Anschein hat."

Poirot hatte nicht die Absicht, Charles Rich aufzusuchen, ehe er alle anderen gesehen hatte.

Er begann mit Commander McLaren.

McLaren war ein großer, dunkler, verschlossener Mann, mit einem grob geschnittenen, aber angenehmen Gesicht. Er war zurückhaltend und ließ nicht so einfach mit sich reden. Doch Poirot besaß Ausdauer.

Als McLaren Margharitas Zeilen gelesen hatte, meinte er fast zögernd:

"Nun, wenn Margharita wünscht, dass ich Ihnen alle Ihre Fragen beantworte, werde ich das natürlich tun. Weiß zwar nicht, was es noch zu erzählen gibt. Sie haben doch sicher schon alles gehört. Aber ganz wie Margharita es wünscht. Ich habe ihr stets den Willen getan – schon seit ihrem sechzehnten Lebensjahr. Sie hat so etwas an sich, wissen Sie."

"Ich weiß", bestätigte Poirot und fuhr fort: "Zunächst einmal möchte ich, dass Sie mir diese Frage ganz offen beantworten: Halten Sie Major Rich für schuldig?"

"Ja, entschieden. Ich würde es Margharita nicht sagen, wenn sie ihn unbedingt für unschuldig halten will. Aber ich sehe keine andere Möglichkeit. Zum Teufel, der Mann *muss* schuldig sein."

"Gab es zwischen ihm und Mr Clayton irgendeine Unstimmigkeit?"

"Nein, durchaus nicht. Arnold und Charles waren die besten Freunde. Deshalb wirkt das Ganze ja so phantastisch."

"Vielleicht hatte Major Richs Freundschaft mit Mrs Clayton –" Er wurde unterbrochen.

"Pfui! Dieses Gewäsch! Alle Zeitungen weisen versteckt darauf hin. Verdammte Anspielungen! Mrs Clayton und Rich waren gute Freunde und weiter nichts! Margharita hat viele Freunde. Ich bin auch ihr Freund. Schon seit Jahren. Und es ist nichts zwischen uns vorgefallen, was nicht die ganze Welt wissen könnte. Genauso verhält es sich mit Charles und Margharita."

"Sie sind also nicht der Ansicht, dass sie ein Verhältnis miteinander hatten?"

"Aber ganz gewiss nicht!" stieß McLaren zornig hervor.

"Hören Sie bloß nicht auf diese Spence, diese Giftnudel. Die schwatzt Unsinn über Unsinn."

"Aber vielleicht hat Mr Clayton Verdacht geschöpft und angenommen, es bestehe ein Verhältnis zwischen seiner Frau und Major Rich."

"Ich kann Ihnen versichern, dass dies nicht stimmt. Sonst hätte ich davon gewusst; Arnold und ich waren sehr eng befreundet."

"Was für ein Mann war Mr Clayton eigentlich? Das müssten Sie doch vor allem wissen."

"Nun, Arnold war ein ruhiger Mensch. Aber klug – geradezu brillant, glaube ich. Fabelhafter Kopf für Finanzen. Er bekleidete einen ziemlich hohen Posten im Schatzamt."

"Das habe ich gehört."

"Er war sehr belesen und sammelte Briefmarken. Außerdem liebte er Musik. Aber er tanzte nicht und ging abends nicht gern aus."

"War es Ihrer Ansicht nach eine glückliche Ehe?"

Commander McLaren beantwortete diese Frage nicht sofort.

"So etwas ist immer schwer zu beurteilen. Ja, ich glaube, sie waren glücklich. In seiner ruhigen Art war er ihr ergeben, und ich bin überzeugt, dass sie ihn gern mochte. Eine Trennung war sehr unwahrscheinlich, falls Sie daran gedacht haben sollten. Sie hatten allerdings nicht viele gemeinsame Interessen."

Poirot nickte. Das war anscheinend alles, was er aus ihm herausbekommen konnte.

Er sagte: "Nun erzählen Sie mir doch etwas über den letzten Abend. Mr Clayton speiste mit Ihnen um Klub. Was hat er da gesagt?"

"Er sagte mir, dass er nach Schottland fahren müsse. Schien sehr ärgerlich darüber zu sein. Wir aßen übrigens nicht zu Abend. Keine Zeit. Nur belegte Brote und einen Drink. Das heißt, für ihn. Ich hatte nur den Drink, da ich ja zu einem kalten Souper eingeladen war."

"Erwähnte Mr Clayton ein Telegramm?"

"Ja."

"Hat er es Ihnen gezeigt?"

"Nein."

"Erwähnte er, dass er bei Rich vorsprechen wollte?"

"Nicht definitiv. Er wusste nicht, ob die Zeit dazu reichen würde, und meinte: 'Margharita kann es erklären oder auch du:' Dann fügte er hinzu: 'Sorge bitte dafür, dass sie gut nach Hause kommt.' Dann ging er fort. Es war alles ganz natürlich und ungezwungen."

"Und er hegte keinen Verdacht, dass das Telegramm nicht echt sei?"

"War es das etwa nicht?" Commander McLaren blickte bestürzt drein.

"Anscheinend nicht."

"Wie merkwürdig ..." Commander McLaren fiel in eine Art Trance, aus der er plötzlich emportauchte mit den Worten:

"Aber das ist tatsächlich seltsam. Ich meine, wo liegt der Sinn der Sache? Warum sollte ihn jemand nach Schottland schicken wollen?"

"Das ist eine Frage, die unbedingt eine Antwort verlangt."

Hercule Poirot brach auf und ließ den Commander offenbar tief in Gedanken versunken zurück.

Die Spences lebten in einem winzigen Haus in Chelsea.

Linda Spence empfing Poirot voller Begeisterung.

"Sie müssen mir alles erzählen", sagte sie. "Alles von Margharita! Wo ist sie?"

"Das darf ich Ihnen leider nicht verraten, Madame."

"Die hat sich tatsächlich gut versteckt. So etwas versteht Margharita vorzüglich. Aber bei der Verhandlung muss sie doch wohl als Zeugin erscheinen, nicht wahr? Davor kann sie sich nicht drücken?"

Poirot ließ abschätzend seine Blicke über sie gleiten und musste widerwillig gestehen, dass sie auf moderne Art attraktiv war, aber kein Typ, den er bewunderte. Das kunstvoll zerzauste Haar hing ihr wirr um den Kopf, und ein Paar scharf beobachtende Augen blickten ihn aus einem Gesicht an, das, abgesehen von dem lebhaften Rot des Mundes, keinerlei Make-up zeigte. Sie trug einen enormen hellgelben Pullover, der fast bis zu den Knien herabhing, und enge schwarze Hosen.

"Was für eine Rolle spielen Sie in dieser Angelegenheit?", wollte Mrs Spence wissen. "Sollen Sie um jeden Preis dem Freund aus der Patsche helfen? Ist das die Idee? Welcher Optimismus!"

"Dann halten Sie ihn also für schuldig?"

"Natürlich. Wer sollte es sonst sein?"

Das, dachte Poirot, ist die große Frage. Er parierte sie mit einer anderen. "Wie erschien Ihnen Major Rich an jenem fatalen Abend? Wie üblich? Oder anders?"

Linda Spence kniff kritisch die Augen zusammen.

"Nein, er war nicht wie sonst. Er war – anders."

"Inwiefern?"

"Aber, Monsieur Poirot, wenn man gerade jemanden kaltblütig erstochen hat –"

"Aber Sie wussten zu der Zeit doch gar nicht, dass er gerade jemanden kaltblütig erstochen hatte, nicht wahr?"

"Nein, selbstverständlich nicht."

"Wie haben Sie sich dann also sein 'Anderssein' erklärt? Wie äußerte es sich überhaupt?"

"Nun, er war zerstreut. Ach, ich weiß es nicht. Aber als ich hinterher darüber nachdachte, kam ich zu dem Schluss, dass ganz entschieden etwas nicht in Ordnung war."

"Wer traf zuerst ein?"

"Wir – Jem und ich. Dann kam Jock. Und schließlich Margharita."

"Wann wurde Mr Claytons Abreise nach Schottland zum ersten Mal erwähnt?"

"Als Margharita kam. Sie sagte zu Charles: 'Arnold lässt sich vielmals entschuldigen. Aber er musste eilig mit dem Nachtzug nach Edinburgh fahren.' Und Charles erwiderte: 'Oh, das ist aber sehr bedauerlich.' Jock fügte hinzu: 'Verzeihung, dass ich es nicht erwähnt habe. Aber ich dachte, du wüsstest es bereits.' Und dann hatten wir alle einen Drink."

"Hat Major Rich überhaupt nicht erwähnt, dass er Mr Clayton an dem Abend gesehen habe? Hat er nichts davon gesagt, dass er auf dem Weg zum Bahnhof bei ihm vorbeigekommen sei?"

"Ich habe nichts davon gehört."

"Die Geschichte mit dem Telegramm war merkwürdig, nicht wahr."

"Wieso?"

"Es war ein Schwindel. In Edinburgh weiß niemand etwas davon."

"Aha! Ich wunderte mich damals schon im Stillen."

"Sie haben sich bei dem Telegramm etwas gedacht?"

"Na, es springt einem doch geradezu ins Auge."

"Was wollen Sie damit sagen?"

"Mein lieber Monsieur Poirot", sagte Linda. "Spielen Sie doch nicht den Unschuldigen! Unbekannter Spaßvogel schafft den Ehemann aus dem Weg! Für diese Nacht jedenfalls ist die Luft rein."

"Sie meinen also, dass Major Rich und Mrs Clayton geplant hatten, die Nacht zusammen zu verbringen."

"Dass so etwas vorkommen soll, haben Sie sicher auch schon gehört, nicht wahr?" Linda schien amüsiert.

"Und einer von den beiden schickte das Telegramm?"

"Es würde mich nicht überraschen."

"Major Rich und Mrs Clayton hatten also Ihrer Ansicht nach ein Verhältnis miteinander?"

"Wollen mal sagen, ich wäre darüber nicht erstaunt. Etwas Positives weiß ich nicht."

"Hat Mr Clayton Verdacht geschöpft?"

"Arnold war ein ungewöhnlicher Mensch. Sehr zugeknöpft. Ich glaube, er wusste Bescheid. Aber er war so veranlagt, dass er alles in sich hineinfraß. Die meisten hielten ihn für einen trockenen, gefühllosen Mann. Aber ich bin mir ziemlich sicher, dass es in seinem Innern ganz anders aussah. Merkwürdigerweise hätte es mich weniger überrascht, wenn Arnold seinen Freund Charles erstochen hätte, anstatt umgekehrt. Ich kann mich des Gedankens nicht erwehren, dass Arnold in Wirklichkeit ein irrsinnig eifersüchtiger Mann war."

"Das ist interessant."

"Noch wahrscheinlicher wäre eigentlich, dass er Margharita umgebracht hätte. Othello – und so weiter. Margharita übt eine ungewöhnliche Wirkung auf Männer aus."

"Sie ist eine gut aussehende Frau", bemerkte Poirot mit wohl überlegter Untertreibung.

"Es ist mehr als das. Sie hat ein gewisses Etwas. Sie pflegt die Männer aufzupeitschen, so dass sie ganz verrückt nach ihr sind, und sich dann umzudrehen und sie mit großäugigem Erstaunen anzublicken, nicht begreifend, was sie da angerichtet hat."

"Sie kennen sie wohl gut?"

"Mein Lieber, sie ist eine meiner besten Freundinnen – aber ich würde ihr nicht über den Weg trauen!"

"Aha", sagte Poirot und brachte die Unterhaltung auf Commander McLaren.

"Jock? Der alte Getreue? Ein lieber Kerl. Der geborene Familienfreund. Er und Arnold waren wirklich eng befreundet. Ich glaube, Arnold öffnete sich ihm mehr als allen anderen. Und natürlich war er Margharitas Sklave – seit Jahren treu ergeben."

"Und war Mr Clayton auch auf ihn eifersüchtig?"

"Eifersüchtig auf Jock? Was für eine Idee! Margharita mag Jock wirklich gern, aber mehr auch nicht. Ich glaube, es geht den meisten Frauen so bei ihm. Ich weiß nicht, warum. Eigentlich schade. Er ist nämlich wirklich nett."

Poirot lenkte das Gespräch auf den Diener. Aber abgesehen von einer vagen Bemerkung, dass er einen guten Cocktail mixe, schien Linda Spence sich keine Gedanken über Burgess gemacht, ja ihn kaum bemerkt zu haben.

Aber sie begriff rasch, worauf er hinauswollte.

"Sie denken vielleicht daran, dass er Arnold ebenso leicht getötet haben könnte wie Charles. Doch das erscheint mir irrsinnig unwahrscheinlich."

"Diese Bemerkung deprimiert mich, Madame. Aber andererseits erscheint mir irrsinnig unwahrscheinlich – obwohl Sie mir nicht zustimmen werden – nicht, dass Major Rich Arnold Clayton getötet haben soll, sondern dass er ihn auf diese Weise umgebracht hat."

"Mit einem Stilett, meinen Sie? Ja, das passt entschieden nicht zu ihm. Wahrscheinlicher wäre der berühmte stumpfe Gegenstand gewesen. Womöglich hätte er ihn auch erwürgen können, nicht wahr?"

Poirot seufzte.

"Da sind wir wieder bei Othello angelangt. Ja, Othello ... Sie haben mir da eine kleine Idee in den Kopf gesetzt."

"Wirklich? Was –" In diesem Augenblick wurde die Haustür aufgeschlossen und geöffnet. "Oh, da kommt Jeremy. Wollen Sie auch mit ihm reden?"

Jeremy Spence war eine angenehme Erscheinung, einiges über dreißig Jahre alt, gut angezogen und fast auffallend diskret. Mrs Spence erklärte, dass sie unbedingt in der Küche nach dem Rechten sehen müsse, und ließ die beiden Männer allein.

Jeremy Spence hatte nichts von der gewinnenden Offenheit seiner Frau. Es war ihm sichtlich unangenehm, dass er überhaupt in diesen Fall verwickelt war, und seine sorgfältig formulierten Äußerungen verrieten nicht viel. Ja, sie kannten die Claytons seit einiger Zeit. Rich nicht so gut. Habe einen angenehmen Eindruck auf ihn gemacht. Soweit er sich entsinnen konnte, war ihm Rich an dem fraglichen Abend genauso wie sonst vorgekommen. Clayton und Rich schienen immer gut miteinander auszukommen. Das Ganze war ihm völlig unbegreiflich.

Im Laufe der Unterhaltung ließ Jeremy Spence deutlich durchblicken, dass er es sehr begrüßen würde, wenn Poirot sich möglichst bald wieder entfernen würde.

"Ich fürchte", meinte Poirot, "dass Sie diese Fragen nicht schätzen."

"Nun, wir haben eine ziemlich ausgedehnte Sitzung mit der Polizei hinter uns, und es langt mir nachgerade. Wir haben alles, was wir wissen oder gesehen haben, berichtet, und nun möchte ich die ganze Geschichte gern vergessen."

"Das kann ich durchaus verstehen. Es ist höchst unangenehm, in eine solche Angelegenheit verwickelt zu sein und ausgefragt zu werden. Nicht nur nach dem, was man weiß und gesehen hat, sondern vielleicht sogar auch nach dem, was man darüber denkt."

"Am besten, man denkt gar nicht darüber nach."

"Aber lässt es sich vermeiden? Glauben Sie, zum Beispiel, dass Mrs Clayton auch daran beteiligt war? Hatte sie mit Rich den Tod des Gatten geplant?"

"Um Himmels willen, nein!", rief Spence schockiert. "Ich hatte keine Ahnung, dass so etwas überhaupt erwogen würde."

"Hat Ihre Gattin nicht diese Möglichkeit angedeutet?"

"Ach, Linda! Sie kenne doch die Frauen – immer hacken sie aufeinander herum. Margharita kommt bei ihrem eigenen Geschlecht nie sehr glimpflich davon – sie ist viel zu attraktiv. Aber diese Theorie, dass Rich und Margharita gemeinsam eine Mord planten – nein, das ist zu phantastisch!"

"So etwas ist schon vorgekommen. Die Waffe, zum Beispiel. Es ist eine Waffe, die man eher mit einer Frau als mit einem Mann in Zusammenhang bringt."

"Soll das heißen, dass die Polizei ihr den Besitz der Waffe nachgewiesen hat? Das ist doch unmöglich! Ich meine …"

"Ich weiß nichts", erklärte Poirot wahrheitsgetreu und trat schleunigst den Rückzug an.

Aus der Bestürzung, die sich in Spences Zügen malte, schloss Poirot, dass er diesem Herrn gründlich zu denken gegeben hatte!

"Sie werden mir verzeihen, Monsieur Poirot, wenn ich nicht einsehe, dass Sie mir in irgendeiner Weise behilflich sein können."

Poirot antwortete nicht, sondern blickte nachdenklich den Mann an, der des Mordes an seinem Freund, Arnold Clayton, beschuldigt wurde.

Er betrachtete das feste Kinn, den schmalen Kopf. Ein schlanker, brünetter Mann, sehnig und kräftig. Geschmeidig wir ein Windhund. Ein Mann, dessen Gesicht nichts verriet und der seinen Besucher mit einem auffallenden Mangel an Herzlichkeit empfing.

"Ich verstehe durchaus, dass Mrs Clayton Sie mit den besten Absichten zu mir geschickt hat. Aber, offen gestanden, war das meiner Ansicht nach ziemlich unklug von ihr. Von ihrem wie auch von meinem Standpunkt aus."

"Inwiefern?"

Rich warf nervös einen Blick über die Schulter. Aber der anwesende Wärter stand in der vorgeschriebenen Entfernung. Rich senkte die Stimme.

"Sie müssen ein Motiv für diese lächerliche Anklage finden und werden versuchen, es so hinzudrehen, als ob – eine intime Beziehung zwischen Mrs Clayton und mir bestanden habe. Das ist jedoch, wie Ihnen Mrs Clayton bestimmt gesagt haben wird, keineswegs der Fall. Wir waren gute Freunde, nichts weiter. Aber es erscheint doch sicherlich ratsam, dass sie keine Schritte zu meinen Gunsten unternimmt, nicht wahr?"

Hercule Poirot ging auf diesen Punkt nicht ein. Stattdessen griff er ein Wort heraus.

"Sie sprachen von dieser 'lächerlichen' Anklage. Lächerlich ist sie keineswegs, wissen Sie."

"Ich habe Arnold Clayton nicht getötet."

"Dann nennen Sie es eine falsche Anklage. Sagen Sie, die Anklage sei nicht wahr. Aber sie ich nicht lächerlich. Im Gegenteil, höchst plausibel. Das müssten Sie doch ganz gut wissen."

"Ich kann Ihnen nur versichern, dass sie mir geradezu phantastisch erscheint."

"Diese Ansicht wird Ihnen nicht viel helfen. Wir müssen uns schon etwas Brauchbares ausdenken."

"Ich werde durch meine Anwälte vertreten. Wie ich höre, haben diese einen hervorragenden Verteidiger beauftragt. Ich kann daher Ihren Gebrauch des Wortes 'wir' nicht akzeptieren."

Wider Erwarten lächelte Poirot.

"Aha", sagte er. "Ein Wink mit dem Zaunpfahl. Na schön. Ich gehe. Ich wollte Sie sehen, und ich habe Sie gesehen. Auch habe ich bereits Ihre Karriere studiert. Sie haben Ihre Eignungsprüfung für Sandhurst mit 'sehr gut' bestanden. Ebenso die für die Generalstabsschule. Und so weiter und so weiter. Ich habe mir heute mein eigenes Urteil über Sie gebildet. Sie sind kein dummer Mann."

"Und was hat das mit meiner Sache zu tun?"

"Alles! Ein Mann von Ihren Fähigkeiten begeht unter keinen Umständen einen Mord auf diese Weise. Gut. Sie sind unschuldig. Nun erzählen Sie mir mal etwas über Ihren Diener Burgess."

"Burgess?"

"Ja. Wenn Sie Clayton nicht umgebracht haben, muss Burgess es getan haben. Eine zwingende Folgerung. Aber warum? Es muss irgendeinen Grund geben. Sie sind der einzige Mensch, der Burgess hinreichend kennt, um eine Vermutung anzustellen. Warum, Major Rich, warum?"

"Ich habe keine Ahnung. Kann es mir überhaupt nicht vorstellen. Oh, ich bin denselben Gedankengängen gefolgt wie Sie. Ja, Burgess hatte Gelegenheit – als einziger außer mir. Aber ich kann es einfach nicht glauben. Burgess gehört nicht zu den Leuten, von denen man sich vorstellen kann, dass sie jemanden ermorden."

"Wie denken Ihre Rechtsberater darüber?"

Über Richs Züge huschte ein bitterer Ausdruck.

"Meine Rechtsberater verbringen ihre Zeit damit, dass sie mich mit sanftem Nachdruck fragen, ob es nicht wahr sei, dass ich mein ganzes Leben lang unter vorübergehender Amnesie gelitten habe und wirklich nicht wisse, was ich in solchen Augenblicken tue!"

"So schlimm steht es also", sagte Poirot. "Na vielleicht entdecken wir, dass es Burgess ist, der unter solchen Bewusstseinsstörungen leidet. Das wäre immerhin eine Idee. Nun zur Waffe. Man hat sie Ihnen gezeigt und Sie gefragt, ob sie Ihnen gehört, ja?"

"Sie gehörte mir nicht. Ich hatte sie nie zuvor gesehen."

"Nein, sie gehört Ihnen nicht. Sind Sie jedoch ganz sicher, dass Sie den Dolch nie zuvor gesehen haben?"

"Ja." Er schien einen Moment zu zögern. "Eigentlich ist es eine Art Ziergegenstand. Man sieht solche Dinge in Wohnungen herumliegen."

"Vielleicht im Salon einer Dame. Vielleicht in Mrs Claytons Salon?"

"Auf keinen Fall!"

Die Worte wurden so laut gesprochen, dass der Wärter aufblickte.

"*Très bien*. Also nicht – aber deshalb brauchen Sie nicht so zu schreien. Aber irgendwo, irgendwann haben Sie tatsächlich etwas sehr Ähnliches gesehen. Nun, habe ich Recht?"

"Ich glaube nicht ... vielleicht ... in einem Kuriositätenladen."

"Höchstwahrscheinlich." Poirot erhob sich. "Gestatten Sie, dass ich mich verabschiede?"

"Und jetzt", sagte Hercule Poirot, "zu Burgess. Ja, endlich zu Burgess."

Über die anderen in diesen Fall verwickelten Personen hatte er etwas in Erfahrung gebracht, entweder direkt oder indirekt. Doch niemand hatte ihm etwas über Burgess sagen können oder wollen. Er besaß keinerlei Anhaltspunkte, keine Andeutungen darüber, was für ein Mann das war. Als er Burgess sah, wusste er auch, warum.

Der Diener, der durch einen telefonischen Anruf von Commander McLaren von Poirots Besuch unterrichtet worden war, erwartete ihn in Major Richs Wohnung.

"Ich bin Hercule Poirot."

"Ja, Sir, ich habe Sie erwartet."

Burgess hielt ehrerbietig die Tür auf, und Poirot trat ein. Burgess nahm ihm Hut und Mantel ab und führte ihn ins Wohnzimmer.

"So", meinte Poirot während er sich umschaute, "hier ist es also geschehen, wie?"

"Ja, Sir."

Ein stiller Bursche, dieser Burgess, bleichgesichtig, etwas schlaksig. Unbeholfene Haltung von Schultern und Ellbogen. Eine flache Stimme mit einem provinziellen Akzent, den Poirot nicht kannte. Ein ziemlich nervöser Mann, vielleicht – sonst keine bestimmten Merkmale.

2.10 Notizen und Tabellen für Teil 4

Das Prozedere ist an dieser Stelle vermutlich schon klar, daher kurz: Tabellenwerte mit Kugelschreiber eintragen, "Wichtigkeit" mit Bogen zwei vergleichen, "Wichtigkeit", "Der Täter ist" und "Wenn ich mich trotzdem entscheiden müsste" ausfüllen. Jetzt die Tabelle von Bogen 3 auf den Bogen "Die spanische Truhe – Teil 4" übertragen und es kann weiter gehen mit Kapitel 2.11.

2.11 Die spanische Truhe – Teil 4

Es war schwer, ihn mit einer positiven Handlung irgendwelcher Art in Verbindung zu bringen. Durfte man ihm deshalb gleich alles mögliche Negative unterstellen?

Er hatte jene hellblauen, unbeständigen Augen, die oberflächliche Beobachter oft mit Unehrlichkeit in Zusammenhang bringen. Dabei kann ein Lügner einem oft mit kühlem, dreistem Blick ins Gesicht sehen.

"Was geschieht mit der Wohnung?", erkundigte sich Poirot.

"Ich betreue sie noch, Sir. Major Rich hat dafür gesorgt, dass mir mein Lohn weiterhin ausgezahlt wird, und er wünscht, dass ich die Wohnung in Ordnung halte, bis … bis …"

Die Augen wanderten unbehaglich hin und her.

"Bis …", pflichtete Poirot ihm bei. In sachlichem Ton fügte er hinzu: "Ich möchte wohl sagen, dass Major Rich fast mit Bestimmtheit dem Strafgericht überwiesen wird. Der Fall kommt wahrscheinlich innerhalb der nächsten drei Monate zur Verhandlung."

Burgess schüttelte den Kopf, nicht ablehnend, sondern einfach verwirrt.

"Es scheint kaum möglich zu sein", meinte er.

"Dass Major Rich ein Mörder ist?"

"Das Ganze. Die Truhe …"

Sein Blick glitt durch den Raum.

"Aha, das ist also die berühmte Truhe?"

Es war ein riesiges Möbelstück aus sehr dunklem, glänzendem Holz, mit Messing beschlagen und versehen mit einem großen antiken Schloss.

"Ein hübsches Stück", meinte Poirot, während er hinüberging.

Die Truhe stand in der Nähe des Fensters an der Wand neben einem modernen Plattenschrank. Auf der anderen Seite befand sich eine halb offen stehende Tür, die zum Teil von einem großen bemalten Lederschirm verdeckt wurde.

"Diese Tür führt in Major Richs Schlafzimmer", erklärte Burgess.

Poirot nickte, während seine Augen zur anderen Seite des Zimmers wanderten. Dort standen zwei Stereoplattenspieler, jeder auf einem niedrigen Tisch, von denen Kontaktschnüre herabhingen. Bequeme Sessel und ein großer Tisch vervollständigten die Einrichtung. An den Wänden hingen japanische Holzschnitte. Es war ein schöner Raum, behaglich, aber nicht luxuriös.

Sein Blick viel wieder auf William Burgess.

"Die Entdeckung", sagte er freundlich, "muss ein großer Schock für Sie gewesen sein."

"Oh, ja Sir. Das werde ich niemals vergessen." Der Diener wurde auf einmal beredt. Die Worte strömten nur so von seinen Lippen. Vielleicht hatte er das Gefühl, durch häufige Schilderung den Vorfall aus seiner Erinnerung tilgen zu können.

"Ich war aufräumend durchs Zimmer gegangen, Sir, Gläser und so weiter. Ich hatte mich gerade gebückt, um ein paar Oliven vom Boden aufzuheben, und da sah ich es – auf dem Teppich –, einen dunklen rostbraunen Fleck. Nein, der Teppich ist nicht mehr da. Er ist in der Reinigung. Die Polizei war damit fertig. Was ist das denn nur? dachte ich und sagte halb im Scherz vor mich hin: 'Es könnte beinahe Blut sein! Aber woher kommt es bloß? Was hat man vergossen?' Und dann entdeckte ich, dass es aus der Truhe gesickert war – hier an der Seite, wo ein Spalt ist. Und ich sagte, immer noch ohne mir etwas dabei zu denken: 'Was mag das nur sein?' Dann hob ich den Deckel hoch – so", er machte es vor –, "und da war's! Die Leiche eines Mannes, der mit angezogenen Beinen auf der Seite lag, als ob er schliefe. Und dieser ausländische Dolch stak in seinem Hals. Ich werde es nie vergessen, niemals! In meinem ganzen Leben nicht! Der Schock, wissen Sie, wo ich so etwas nicht erwartet hatte ..."

Er holte tief Atem.

"Ich ließ den Deckel fallen und rannte wie besessen auf die Straße, um einen Polizisten zu holen. Glücklicherweise fand ich einen, gerade um die Ecke herum."

Poirot betrachtete den Mann nachdenklich. Die schauspielerische Leistung – wenn es eine war – war sehr gut. Aber er fürchtete allmählich, dass es sich um keine schauspielerische Leistung handelte, sondern dass sich alles genauso zugetragen hatte.

"Sie haben wohl nicht daran gedacht, zunächst einmal Major Rich zu wecken?", fragte er.

"Es ist mir überhaupt nicht eingefallen, Sir. Bei dem Schock. Ich – wollte nur fort von hier" er schluckte krampfhaft, "und Hilfe holen."

Poirot nickte. "Haben Sie sich vergegenwärtigt, dass es Mr Clayton war?"

"Das hätte man eigentlich erwarten sollen, Sir, aber ich glaube nicht, dass mir das gleich klar war. Als ich mit dem Polizisten zurückkehrte, sagte ich natürlich sofort: 'Das ist ja Mr Clayton!' Und er fragte: 'Wer ist Mr Clayton?' Und ich sagte 'Er war gestern Abend hier.'"

"Aha", sagte Poirot, "gestern Abend … Können Sie sich noch erinnern, um welche Uhrzeit Mr Clayton hier eintraf?"

"Nicht auf die Minute, aber ich möchte sagen, so gegen Viertel vor acht."

"Haben Sie ihn gut gekannt?"

"Er und Mrs Clayton waren häufig zu Gast beim Major in den anderthalb Jahren, die ich hier beschäftigt bin."

"Machte er denselben Eindruck wie immer?"

"Ich glaube wohl. Ein wenig außer Atem; aber er hatte es schließlich sehr eilig, er wollte einen Zug erreichen, wie er sagte."

"Er hatte sicher einen Koffer bei sich, da er doch nach Schottland fahren wollte?"

"Nein, Sir. Wahrscheinlich hat er ein Taxi unten gehabt."

"War er enttäuscht, dass Major Rich nicht zu Hause war?"

"Es war ihm nicht anzumerken. Er sagte nur, er wolle ein paar Zeilen schreiben. Er trat in dieses Zimmer und ging zum Schreibtisch, während ich in die Küche zurückkehrte. Ich war mit den Sardelleneiern etwas im Rückstand. Die Küche liegt am Ende des Ganges, und dort hört man nicht viel. Ich habe nicht gehört, dass er fortging oder dass mein Herr zurückkam – und habe auch nicht darauf geachtet."

"Und was geschah dann?"

"Major Rich rief mich. Er stand dort in der Tür und sagte, er habe die türkischen Zigaretten für Mrs Spence vergessen. Er bat mich, eiligst welche zu besorgen. Das tat ich dann auch und legte sie hier auf den Tisch. Natürlich nahm ich an, dass Mr Clayton inzwischen fortgegangen sei, um seinen Zug zu erreichen."

"Und sonst ist niemand in die Wohnung gekommen, während Major Rich nicht zu Hause war und Sie sich in der Küche aufhielten?"

"Nein, Sir, niemand."

"Können Sie das mit Sicherheit behaupten?"

"Wie wäre es denn möglich, Sir? Der Betreffende hätte doch klingeln müssen."

Poirot schüttelte den Kopf. Wie wäre es auch möglich gewesen. Die Spences und McLaren und auch Mrs Clayton konnten, das wusste er bereits, über jede Minute ihre Zeit Rechenschaft ablegen. McLaren war mit Bekannten im Klub gewesen. Die Spences hatten vor ihrem Aufbruch ein paar Freunde zu einem Drink bei sich gehabt. Margharita Clayton hatte um die Zeit gerade mit einer Freundin telefoniert. Ganz abgesehen davon, dass er niemand von ihnen als

Täter in Betracht zog. Um Arnold Clayton zu töten, hätten sie wohl bessere Möglichkeiten gehabt, als ihm in die Wohnung des Majors zu folgen, wo ein Diener beschäftigt war und der Hausherr jeden Augenblick zurückkehren konnte. Nein, er hatte als letze schwache Hoffnung mit einem "mysteriösen Fremden" gerechnet! Mit jemandem aus Claytons anscheinend untadeliger Vergangenheit, der ihn auf der Straße erkannt hatte und ihm hierher gefolgt war, ihn dann mit dem Stilett erstochen, die Leiche in die Truhe gesteckt und die Flucht ergriffen hatte. Das reinste Melodrama aus einem romantischen historischen Roman, ohne jede Beziehung zu Vernunft und Wahrscheinlichkeit, das aber ganz gut zu der spanischen Truhe passte.

Er durchquerte abermals den Raum und trat an die Truhe. Er hob den Deckel, der sich leicht und geräuschlos öffnen ließ.

Mit schwacher Stimme sagte Burgess: "Sie ist gut gesäubert worden. Dafür habe ich gesorgt."

Poirot beugte sich über die Truhe. Mit einem leisen Ausruf beugte er sich noch tiefer. Seine Finger tasteten die Innenwände ab.

"Diese Löcher hier – an der Rückwand und einer Seite –, sie sehen so aus … sie fühlen sich so an, als ob sie erst kürzlich gemacht worden wären."

"Löcher, Sir?" Der Diener trat erstaunt an die Truhe. "Sie sind mir noch gar nicht aufgefallen."

"Sie springen auch nicht gerade ins Auge, sind aber vorhanden. Welchen Zweck haben sie wohl? Was meinen Sie?"

"Ich wüsste es wirklich nicht, Sir. Vielleicht stammen sie von einem Tier – ich meine, von irgendeinem Käfer, der Holz nagt."

"Ein Tier?", meinte Poirot. "Das sollte mich doch wundern." Er begab sich wieder an das andere Ende des Zimmers.

"Als Sie mit den Zigaretten ins Zimmer kamen, waren die Möbel da irgendwie anders arrangiert? Der Tisch, die Stühle oder dergleichen?"

"Es ist merkwürdig, dass Sie das sagen, Sir … jetzt, wo Sie es erwähnen, fällt es mir wieder ein. Der Schirm dort, der den Zug von der Schlafzimmertür her abhält, war ein wenig mehr nach links verschoben."

"Etwa so?" Poirot stand plötzlich am Schirm und rückte ihn.

"Noch ein wenig mehr … Ja, so ist's richtig."

Der Schirm, der bis dahin die Truhe halb verdeckt hatte, verbarg sie nun fast vollständig. "Haben Sie sich Gedanken darüber gemacht, warum er verschoben wurde?"

"Ich habe mir nichts dabei gedacht, Sir." Burgess fügte unsicher hinzu: "Vielleicht war der Weg ins Schlafzimmer dann ungehinderter – falls die Damen ihre Mäntel dort ablegen wollten."

"Vielleicht. Aber es könnte noch einen anderen Grund geben. Der Schirm verdeckt jetzt die Truhe. Wenn Major Rich Mr Clayton erstochen hatte, musste das Blut durch die Ritzen in der Truhe sickern. Das hätte jemand bemerken können – wie Sie am nächsten Morgen. Also wurde der Schirm verschoben."

"Auf den Gedanken wäre ich nie gekommen, Sir."

"Wie ist die Beleuchtung in diesem Zimmer, kräftig oder schwach?"

"Das will ich Ihnen gleich zeigen, Sir."

Rasch zog der Diener die Vorhänge vor und knipste ein paar Lampen an, die ein weiches, mildes Licht gaben, kaum stark genug, um dabei zu lesen. Poirot warf einen Blick auf die Deckenbeleuchtung.

"Die Lampe an der Decke brannte nicht, Sir. Sie wird wenig benutzt."

Poirot hielt in der gedämpften Beleuchtung Umschau.

Der Diener sagte: "Ich glaube nicht, dass der Blutfleck zu sehen gewesen wäre, Sir, es ist zu dunkel."

"Ich denke, Sie haben Recht. Warum ist dann nur der Schirm verschoben worden?"

Burgess erschauerte.

"Ein schrecklicher Gedanke – dass ein so netter Mann wie Major Rich eine solche Tat vollbringen konnte."

"Sie zweifeln also nicht daran, dass er es getan hat? Aber warum, Burgess?"

"Nun, er hat natürlich den Krieg mitgemacht. Vielleicht hat er eine Kopfverletzung, nicht wahr? Es heißt ja, dass solche Verletzungen sich oft nach Jahren wieder bemerkbar machen. Die Menschen werden plötzlich wunderlich und wissen nicht, was sie tun. Und man sagt ja, dass sie oft auf die losgehen, die ihnen am nächsten und teuersten sind. Glauben Sie, dass es so gewesen sein könnte?"

Poirot blickte ihn an und wandte sich seufzend ab.

"Nein", entgegnete er, "so war es nicht."

Eine knisternde Banknote wurde mit dem Geschick eines Taschenspielers Burgess in die Hand geschoben. "Oh, vielen Dank, Sir, aber das kann ich doch nicht annehmen."

"Sie haben mir geholfen", erklärte Poirot, "indem Sie mir dieses Zimmer zeigten und alles, was in diesem Zimmer ist. Indem Sie mir zeigten, was an jenem Abend vor sich ging. Das unmögliche ist nie unmöglich! Denken Sie daran. Ich sprach nur von zwei Möglichkeiten – das war falsch. Es gibt eine dritte Möglichkeit."

Hier blickte er noch einmal im Zimmer umher und schauderte ein wenig. "Ziehen Sie die Vorhänge auf und lassen Sie Licht und Luft herein. Der Raum braucht das. Er bedarf einer gründlichen Reinigung. Es wird, glaube ich, noch lange dauern, bis er von dem geläutert ist, das ihn jetzt durchzieht – von dem anhaltenden Hauch des Hasses."

Mit offenem Mund half der Diener Poirot in den Mantel und schien ganz verwirrt zu sein. Poirot, der mit Vorliebe unverständliche Äußerungen machte, ging flotten Schrittes die Treppe hinunter auf die Straße.

Sobald Poirot zu Hause war, rief er Inspektor Miller an.

"Was ist eigentlich mit Claytons Koffer geschehen? Seine Frau sagte mir, er habe einen gepackt."

"Er hat ihn im Klub beim Portier abgegeben und dann wohl vergessen."

"Was enthielt er?"

"Na, das Übliche. Pyjama, ein Hemd zum Wechseln und Toilettensachen."

"Sehr gründlich."

"Was haben Sie denn darin vermutet?"

Poirot ging nicht auf die Frage ein, sondern sagte:

"Was den Dolch angeht, so möchte ich Ihnen den Vorschlag machen, der Putzfrau habhaft zu werden, die Mrs Spences Haus reinigt, und sie zu fragen, ob sie jemals einen solchen Gegenstand dort herumliegen sah."

"Mrs Spence?" Miller pfiff vor sich hin. "Wandern Ihre Gedanken etwa in diese Richtung? Den Spences ist der Dolch gezeigt worden, sie kannten ihn nicht."

"Fragen Sie sie noch einmal."

"Meinen Sie etwa –"

"Und dann lassen Sie mich wissen, was sie gesagt haben."

"Ich kann mir nicht vorstellen, was Sie entdeckt zu haben glauben."

"Lesen Sie *Othello*, Miller. Studieren Sie die Charaktere in *Othello*. Wir haben einen davon übersehen."

Er legte den Höre auf. Dann wählte er Lady Chattertons Nummer, aber die Leitung war besetzt.

Ein wenig später versuchte er es noch einmal. Abermals ohne Erfolg. Er ließ seinen Diener George kommen, und gab ihm den Auftrag, die Nummer so lange anzurufen, bis er eine Antwort bekäme.

Er setzte sich in einen Sessel, streifte sorgfältig seine Lackschuhe ab, streckte seine Zehen und lehnte sich zurück.

"Ich bin alt", sagte er vor sich hin. "Ich werde leicht müde." Sein Gesicht erhellte sich. "Aber meine kleinen grauen Zellen funktionieren noch. Zwar langsam – aber sie funktionieren. Ja, *Othello*. Wer hatte noch davon gesprochen? Ach ja, Mrs Spence. Der Koffer … der Schirm … die Leiche, die wie ein schafender Mann dalag. Ein raffinierter Mord. Überlegt geplant und, wie ich glaube, mit Genuss ausgeführt!"

George meldete, dass Lady Chatterton am Apparat sei.

"Hier ist Hercule Poirot, Madame. Kann ich wohl mit Ihrem Gast sprechen?"

"Aber natürlich! Oh, Monsieur Poirot, haben Sie etwas Wundervolles geleistet?"

"Noch nicht!", erwiderte Poirot. "Aber vielleicht kommt es noch."

Kurz darauf ließ sich Margharitas ruhige, sanfte Stimme vernehmen.

"Madame, als ich Sie fragte, ob an jenem Abend alles im Raum an seinem Platz gewesen sei, runzelten Sie die Stirn, als ob Sie sich an etwas erinnerten. Dann entfiel es Ihnen wieder. Hätte es die Stellung des Wandschirmes sein können?"

"Der Wandschirm? Aber ja, natürlich. Er stand nicht an seinem gewohnten Platz."

"Haben sie an dem Abend getanzt?"

"Ja, eine Zeit lang."

"Mit wem haben Sie vor allem getanzt?"

"Mit Jeremy Spence. Er ist ein wundervoller Tänzer. Charles tanzt auch gut, aber nicht glänzend. Er tanzte mit Linda, und hin und wieder wechselten wir. Jock McLaren tanzt nicht. Er holte die Platten hervor, sortierte sie und legte die auf, die wir uns wünschten."

"Und später hörten Sie ernste Musik?"

"Ja."

Es entstand eine Pause. Dann sagte Margharita: "Monsieur, was bedeutet dies alles? Haben Sie … besteht irgendwelche Hoffnung?"

"Ist Ihnen eigentlich jemals bewusst, Madame, was die Menschen Ihrer Umgebung fühlen?"

Aus ihrer Stimme klang leichte Überraschung, als sie sagte: "Ich – glaube wohl."

"Ich glaube nicht. Ich glaube, Sie haben nicht die leiseste Ahnung. Das ist die Tragödie Ihres Lebens. Aber eine Tragödie für die anderen – nicht für Sie.

Heute erwähnte jemand mir gegenüber Othello. Ich fragte Sie, ob Ihr Gatte eifersüchtig sei, und Sie erwiderten, das müsse er wohl sein. Aber Sie sagten es ganz sorglos. Sie sagten es, wie Desdemona es gesagt haben würde, ohne eine Gefahr zu wittern. Desdemona erkannte ebenfalls Eifersucht, aber sie verstand sie nicht, weil sie selbst nie Eifersucht empfunden hatte oder empfinden konnte. Sie ahnte, glaube ich, nichts von der Gewalt einer heftigen physischen Leidenschaft. Sie liebte ihren Gatten mit der romantischen Glut einer Heldenverehrung, sie liebte ihren Freund Cassio als einen nahen Gefährten … Ich glaube, sie machte die Männer verrückt, wie sie selbst einer tiefen Leidenschaft nicht fähig war … Mache ich mich Ihnen verständlich, Madame?"

Es trat eine Pause ein, und dann ertönte Margharitas Stimme kühl, lieblich, ein wenig verwirrt:

"Ich – ich begreife nicht ganz, was Sie da sagen …"

Poirot seufzte und sagte in nüchternem Ton:

"Bitte erwarten Sie heute Abend noch meinen Besuch."

Inspektor Miller war nicht leicht zu überreden. Aber Hercule Poirot war auch nicht leicht abzuschütteln. Knurrend streckte Inspektor Miller schließlich die Waffen.

"… obgleich ich nicht einsehe, was Lady Chatterton damit zu tun hat."

"Eigentlich nichts, sie hat nur einer Freundin Unterschlupf gewährt, das ist alles."

"Und die Sache mit den Spences – woher wussten Sie das eigentlich?"

"Dass das Stilett von dort kam? Nur eine Vermutung. Eine Bemerkung, die Jeremy Spence machte, brachte mich auf die Idee. Ich deutete an, dass das Stilett wohl Margharita Clayton gehörte, und er zeigte mir, dass er mit Sicherheit wusste, dass dies nicht zutraf." Nach einer kleinen Pause fragte er: "Was haben sie gesagt?"

"Gaben zu, dass es sehr einem Zierdolch glich, den sie einmal besaßen. Aber er sei ihnen vor einigen Wochen abhanden gekommen und sie hätten ihn ganz vergessen. Rich hat ihn ihnen wohl entwendet."

"Ein Mann, der gern sichergeht, dieser Mr Jeremy Spence", bemerkte Poirot. Dann murmelte er vor sich hin: "Vor einigen Wochen … Ja, ja, das Planen begann vor langer Zeit."

"Hm? Wie meinten Sie?"

"Wir sind da", sagte Poirot, als das Taxi vor Lady Chattertons Haus in der Cheriton Street hielt, und entlohnte den Chauffeur.

Margharita Clayton wartete oben im Zimmer auf sie.

Ihre Züge verhärteten sich, als sie Miller sah.

"Ich wusste nicht –"

"Sie wussten nicht, wer der Freund ist, den ich mitzubringen beabsichtigte?"

"Inspektor Miller zählt nicht zu meinen Freunden."

"Das hängt ganz davon ab, ob Sie Gerechtigkeit ausgeübt sehen wollen oder nicht, Mrs Clayton. Ihr Gatte ist ermordet worden –"

"Und nun müssen wir vom Täter reden", warf Poirot ein.

"Dürfen wir Platz nehmen, Madame?"

"Ich bitte Sie", wandte sich Poirot an seine beiden Zuhörer, "mir geduldig zuzuhören. Ich glaube jetzt zu wissen, was an jenem verhängnisvollen Abend in Major Richs Wohnung geschah. Wir sind alle miteinander von einer falschen Annahme ausgegangen – von der Annahme, dass nur zwei Personen die Gelegenheit hatten, Mr Clayton in der Truhe zu verstecken, nämlich Major Rich und William Burgess. Aber wir haben uns geirrt – es war eine dritte Person in der Wohnung, die eine ebenso gute Möglichkeit hatte."

"Und wer war das?", fragte Miller skeptisch. "Der Liftboy?"

"Nein. *Arnold Clayton*."

"Was sagen Sie da? Er hat seine eigene Leiche versteckt?"

"Natürlich nicht seinen toten, sondern seinen lebenden Körper. Mit anderen Worten: Er hat sich in der Truhe versteckt. Ein Vorkommnis, das sich im Laufe der Geschichte oft wiederholt hat. Mir kam dieser Gedanke, sobald ich sah, dass man ganz kürzlich Löcher in die Truhe gebohrt hatte. Warum nur? Nun, damit genügend Luft in der Truhe vorhanden war. Und warum war der Wandschirm verrückt worden? Um die Truhe vor den Personen im Raum zu verbergen, damit der versteckte Mann von Zeit zu Zeit den Deckel heben, seine verkrampften Glieder lockern und besser hören konnte, was gesagt wurde."

"Aber warum?", fragte Margharita mit vor Staunen geweiteten Augen. "Was sollte Arnold veranlasst haben, sich in der Truhe zu verstecken?"

"Das fragen *Sie*, Madame? Ihr Gatte war ein eifersüchtiger Mann. Aber er war sehr verschlossen. 'Zugeknöpft', wie Ihre Freundin, Mrs Spence, sich ausdrückte. Seine Eifersucht wuchs und quälte ihn. Waren Sie Richs Geliebte oder nicht? Er wusste es nicht. Aber er *musste* es wissen! Also – ein Telegramm aus Schottland, das Telegramm, das nie abgeschickt wurde, das niemand sah.

Der Koffer für eine Nacht wird gepackt und zweckdienlich im Klub vergessen. Ihr Gatte hat wahrscheinlich ausfindig gemacht, wann Rich nicht zu Hause ist, und geht um diese Zeit in die Wohnung. Dem Diener sagt er, er möchte ein paar Zeilen schreiben. Sobald er allein ist, bohrt er die Löcher in die Truhe, rückt den Wandschirm zurecht und klettert in die Truhe. An diesem Abend will er die Wahrheit erfahren. Vielleicht bleibt seine Frau zurück, wenn die anderen Gäste aufbrechen, vielleicht geht sie mit und kommt später wieder zurück. An diesem Abend will der verzweifelte, von Eifersucht gequälte Mann Gewissheit erhalten …"

"Sie wollen doch wohl nicht behaupten, dass er sich selbst erstochen hat?", Millers Stimme klang ungläubig.

2.12 Abschließende Notizen

Schließen Sie nun die Änderungen an der Tabelle des vierten Bogens ab und tragen Sie die Werte mit einem Kugelschreiber ein. Sehen Sie sich noch einmal die Angaben zum Punkt "Wichtigkeit" von Bogen 3 an und überlegen sie, ob sich ihre Meinung diesbezüglich geändert hat. Tragen Sie dann die (ggf. korrigierten) Werte auf Bogen 4 unter "Wichtigkeit" ein.

Füllen Sie anschließend die Punkte "Der Täter ist" und ggf. "Wenn ich mich trotzdem entscheiden müsste" aus.

Damit ist auch der vierte und letzte Bogen komplett ausgefüllt und das Experiment abgeschlossen. Wenn Sie mir Ihre Ergebnisse zur Verfügung stellen möchten, können Sie die vier Bögen und den Fragebogen einsenden, oder einscannen und per Email versenden.

Wenn Sie ihr eigenes künstliches neuronales Netz auf Basis ihrer Ergebnisse erstellen möchten, sollten sie sich ihre Bögen vorher noch einmal kopieren, damit Sie ihre Werte noch zur Hand haben.

Senden Sie die Bögen bitte an folgende Adresse:

Gregor Braun
Postfach 1728
40742 Langenfeld

Sollten Sie die Tabellen und den Fragebogen eingescannt haben, können Sie die Scans an folgende Email-Adresse senden:

braun.gregor@gmx.com

Da ich Ihnen die Auflösung des Falls "Die spanische Truhe" nicht vorenthalten möchte, können Sie im nachfolgenden Kapitel 2.13 noch das Ende der Geschichte lesen. In Kapitel 2.14 wird dann abschließend noch erläutert, wie Ihre Daten aus den Tabellen in ein künstliches neuronales Netz überführt werden.

2.13 Die spanische Truhe – Letzter Teil

"O nein, jemand anders hat ihn erstochen. Jemand, der wusste, dass er sich in der Truhe versteckt hielt. Es war schon ein regelrechter Mord. Ein sorgfältig erwogener, von langer Hand geplanter Mord. Denken Sie an die anderen Charaktere in *Othello*. An Jago hätten wir uns erinnern sollen. Ein listiges Vergiften von Arnold Claytons Gedanken durch versteckte Andeutungen und Winke. Der ehrliche Jago, der treue Freund, der Mann, dem man immer Glauben schenkt! Arnold Clayton glaubte ihm. Arnold Clayton gestattete ihm, seine Eifersucht zu nähren und sie bis ins Maßlose zu steigern. Ist Arnold Clayton wohl selbst auf die Idee gekommen, sich in der Truhe zu verstecken? Er hat es sich vielleicht eingebildet und wahrscheinlich auch geglaubt. Und so wird die Sache in Szene gesetzt. Das vor einigen Wochen unauffällig entwendete Stilett ist griffbereit. Der Abend kommt heran. Die Lichter sind gedämpft, das Grammophon spielt, zwei Paare tanzen, der überzählige Mann macht sich am Plattenspieler zu schaffen, der dicht neben der spanischen Truhe und ihrem verhüllenden Schirm steht. Hinter den Schirm schlüpfen, den Deckel heben und zustechen – verwegen, aber ganz leicht!"

"Clayton hätte aufgeschrien!"

"Nicht wenn er betäubt war", entgegnete Poirot. "Nach Aussage des Dieners lag Clayton wie im Schlaf da. Und er war auch in einen Schlaf versetzt worden, und zwar durch den Mann, der einzig und alleine in der Lage gewesen war, ihn zu betäuben. Der Mann, mit dem er im Klub zusammen ein Glas getrunken hatte."

"Jock?", ertönte Margharitas helle Stimme in kindlicher Überraschung. "Jock? Nicht der gute alte Jock. Meine Güte, ich kenne Jock mein ganzes Leben lang! Warum in aller Welt sollte Jock –"

"Warum haben zwei Italiener sich duelliert? Warum hat ein junger Mann sich erschossen? Jock McLaren ist ein verschlossener Mensch. Er hatte sich vielleicht damit abgefunden, Ihnen und Ihrem Gatten ein treuer Freund zu sein. Aber dann kommt Major Rich auch noch hinzu. Das ist zu viel! Blind vor Hass und Begierde plant er einen fast perfekten Mord – einen Doppelmord, denn Rich würde mit ziemlicher Sicherheit für schuldig befunden werden. Und wenn beide Nebenbuhler – Rich und Ihr Gatte – aus dem Weg sind, dann, so nimmt er an, werden Sie sich endlich ihm zuwenden. Und das hätten Sie vielleicht auch getan. Madam – wie?"

Mit vor Entsetzen geweiteten Augen starrte sie ihn an. Fast unbewusst flüsterte sie:

"Vielleicht ... Ich weiß es nicht ..."

Inspektor Miller ließ sich mit plötzlicher Autorität vernehmen.

"Das ist alles ganz schön und gut, Poirot. Aber doch nur eine Theorie, weiter nichts. Sie haben nicht den geringsten Beweis dafür. Wahrscheinlich ist kein wahres Wort an der Geschichte."

"Sie stimmt von A bis Z."

"Aber es ist kein Beweis vorhanden. Wir haben keine Veranlassung, einzuschreiten."

"Sie irren sich. Ich glaube, McLaren wird es zugeben, wenn Sie ihn vor die vollendete Tatsache stellen, das heißt, wenn Sie ihm deutlich zu verstehen geben, dass Margharita Clayton im Bilde ist."

Poirot brach ab und setze dann hinzu:

"Denn sobald er das weiß, hat er verloren ... Der perfekte Mord ist vergebens gewesen."

2.14 Überführen der Tabellen in ein künstliches neuronales Netz

Vermutlich können Sie sich schon denken, was mit den Tabellen aus dem Experiment jetzt passieren wird. Sie werden als Gewichtsmatrizen für ein künstliches neuronales Netz verwendet. Da diese in der Regel Gewichte zwischen 0 und 1 verwenden, werden die Werte der Tabelle einfach durch 10 geteilt. Man hätte auch von Anfang an Werte zwischen 0 und 1 in Schritten von 0.1 eintragen können. Aber eine Skala von 0 bis 10 ist den meisten vermutlich geläufiger als Zahlenwerte mit Nachkommastellen.

Das zugehörige Netz hat eine Eingabeschicht von 5 Neuronen (für jede Spalte der Tabelle eins). Sollten Sie ein eigenes Kriterium in die Tabelle eingefügt haben, hat das Netz 6 Eingabeneuronen.

Die Ausgabeschicht enthält 6 Neuronen, ein Neuron pro Person. Sollten Sie der Tabelle eine weitere (bedauernswerter Weise unschuldige) Person hinzugefügt haben, die Sie des Mordes verdächtigten, hat das Netz entsprechend 7 Ausgabeneuronen.

Die Neuronen des Kriteriums senden mit einem Gewicht an eine der tatverdächtigen Personen, so wie es in der Tabelle angegeben ist. Man sieht also, dass die Tabelle transponiert die verkürzte Darstellung der Gewichtsmatrix ergibt, so wie in Kapitel 1.5 beschrieben. Abbildung 21 sowie Tabelle 8 und 9 zeigen beispielhaft eine Tabelle sowie die verkürzte Darstellung der Matrix und das zugehörige Netz.

Tabelle 8: Beispieltabelle zum Experiment "Krimi-Leser"

	kein Alibi	Tatwaffe	Motiv	Wissen	Verdacht
Margharita Clayton	7	7	2	0	3
Major Rich	10	7	10	4	5
Commander McLaren	10	7	9	10	5
Jeremy Spence	8	10	0	0	0
Linda Spence	8	10	0	0	2
William Burgess	10	2	0	2	1

Tabelle 9: Gewichtsmatrix des Netzes zu Tabelle 8

	6	7	8	9	10	11
1	0,7	1,0	1,0	0,8	0,8	1,0
2	0,7	0,7	0,7	1,0	1,0	0,2
3	0,2	1,0	0,9	0,0	0,0	0,0
4	0,0	0,4	1,0	0,0	0,0	0,2
5	0,3	0,5	0,5	0,0	0,2	0,1

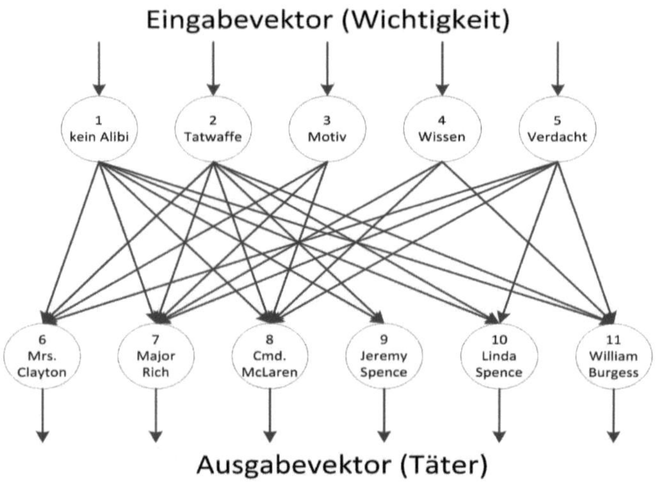

Abbildung 21: Feedforward Netz zum Experiment "Krimi-Leser" zu Tabelle 8

Es ergeben sich also vier Gewichtsmatrizen, die jeweils den aktuellen Wissensstand am Ende des jeweiligen Textteils repräsentieren. Im Grunde haben Sie also durch das Ausfüllen der Tabellen dieses neuronale Netz trainiert und die Werte der Gewichtsmatrix repräsentieren Ihre Interpretation des gelesenen Texts in Bezug auf die Frage: Wer ist der Täter?

Als Eingabevektor für das Netz dienen die Angaben, die Sie unter "Wichtigkeit" gemacht haben. Mit diesem Eingabevektor wird gewichtet, welche Kriterien Sie bei der Interpretation der Geschichte als wichtig erachten und welche als weniger wichtig.

Das Netz verwendet die lineare Aktivierungsfunktion und die lineare Ausgabefunktion. Nachdem der Eingabevektor dem Netz präsentiert wurde, erhält man einen Ausgabevektor, der jeder Person (jeweiliges Neuron) einen Wert zuweist. Die Ausgabe wird so interpretiert, dass das Neuron mit dem größten Wert genau die Person angibt, die vermutlich der Täter ist.

Dabei heißt das nicht, dass das Netz ausrechnet, wer der Täter in dieser Geschichte ist. Es ist vielmehr so, dass das Netz, dessen Gewichtsmatrix Sie gebildet haben, ausgibt, was *Sie* glauben, wer der Täter ist. Das Netz soll Ihre Interpretation des Textes wiedergeben und zeigt hoffentlich genau die Person als Täter an, die Sie unter dem Punkt "Der Täter ist" oder "Wenn ich mich trotzdem entscheiden müsste" als ihren Tatverdächtigen angekreuzt haben.

Wenn Sie Lust haben, rechnen Sie doch die Ausgabevektoren Ihrer vier Netze einmal aus und prüfen Sie, ob es bei Ihnen funktioniert hat, oder nicht. Die Unterscheidung zwischen "Der Täter ist" und "Wenn ich mich trotzdem entscheiden müsste" habe ich eingeführt, um das Modell noch etwas genauer prüfen zu können. Ich gehe davon aus, dass Netze, bei denen die Ausgabewerte sehr nah beieinander liegen, darauf hinweisen, dass sich der Leser noch nicht sicher ist. In diesem Fall würde er bei "Der Täter ist" die Option "kann ich nicht sagen" ankreuzen. Bei der weiterführenden Frage "Wenn ich mich trotzdem entscheiden müsste" wird eigentlich das Bauchgefühl des Lesers abgefragt. Hier gehe ich davon aus, dass genau der Tatverdächtige angekreuzt wird, der zumindest ganz knapp vorne liegt.

Mit dieser Erklärung, welches Modell hinter diesem Experiment steckt, möchte ich dieses Kapitel abschließen. Es gibt natürlich noch weitere Möglichkeiten, die Ergebnisse des Experimentes zu untersuchen. Das Netz soll nicht nur die Interpretation des Lesers abbilden, sondern die Möglichkeit bieten, weitere Erkenntnisse über die Art, wie der Leser den Text interpretiert hat, auf Basis des Netzes zu gewinnen. Diese weiteren Analysen und weitere Beispiele der Modellierung von Verstehens- und Interpretationsprozessen erwarten Sie in Kapitel 3.

zuweise. Die Ausgabe wird so interpretiert, dass das Neuron mit dem größten Wert genau die Person angibt, die vermutlich der Täter ist.

Dabei heißt das nicht, dass das Netz ausrechnet, wer der Täter in dieser Geschichte ist. Es ist vielmehr so, dass das Netz, dessen Gewichtsmatrix Sie gebildet haben, ausgibt, was Sie glauben, wer der Täter ist. Das Netz soll Ihre Interpretation des Textes wiedergeben und zeigt lediglich genau die Person als Täter an, die Sie unter dem Punkt "Der Täter ist …" [illegible]

[illegible]

3 Modellierung von Verstehensprozessen

3.1 Einleitung

Das in Kapitel 2 beschriebene Modell zeigt bereits, wie ein Verstehensprozess mathematisch modelliert werden kann. Hier geht es um die Analyse und das Verstehen eines Textes und um die Interpretation der im Text enthaltenen Informationen. Der Leser versucht sich in die Lage des Detektivs zu versetzen und versucht, anhand der Informationen, die der Detektiv erhält, nachzuvollziehen, wie der Tathergang gewesen sein muss. Die kognitive Leistung, diese Informationen und Zusammenhänge zu interpretieren und dann auf einen Täter zu schließen, wird in der Gewichtsmatrix des im Experiment entstandenen Netzes festgehalten.

Natürlich handelt es sich hier um ein vereinfachendes Modell, das im speziellen auch nur auf die Kurzgeschichte "Die spanische Truhe" angewendet werden kann. Mit diesem Modell werden sich andere literarische oder reale Kriminalfälle im Allgemeinen weder abbilden noch lösen lassen. In einer ersten Studie, auf die ich in Kapitel 3.3 genauer eingehen werde, zeigte sich aber bereits, dass sich das Modell auf diesen speziellen Fall, den der spanischen Truhe, gut anwenden lässt.

Das Modell als solches wurde von Klüver und Klüver bereits 2005 vorgestellt (Vogt, 2005). In einem Seminar mit Studierenden der Universität Duisburg-Essen versuchten sie, Studenten die Informationen aus dem Text in verschiedene KI-Systeme eingeben zu lassen um anschließend festzustellen, ob die Studierenden den Täter noch vor oder erst nach dem KI-System identifizieren können. Die verschiedenen Ansätze zu den KI-Systemen, die in diesem Fall zeigen sollen, dass eine KI in der Lage ist, den entsprechenden Fall richtig zu lösen, werden in Kapitel 3.4 weiter beschrieben.

Abschließend möchte ich in Kapitel 3.5 und 3.6 noch Beispiele dafür geben, wie Kommunikation und die Interpretation bzw. das Verstehen von Nachrichten durch künstliche neuronale Netze modelliert werden können. Dazu werde ich die Modelle aus "Social Understanding" (Klüver, Klüver, 2011) hier wiedergeben, die u. a. mit den bereits erwähnten semantischen Netzen arbeiten.

3.2 Der "Krimi-Leser" und weitere Analysen

Wie bereits in Kapitel 2 angesprochen wurde, soll das künstliche neuronale Netz, das beim Durchführen des Experiments entstanden ist, abbilden, was im Kopf des Lesers vorgeht, während er die Kurzgeschichte "Die spanische Truhe" liest. Dabei sind zwei Punkte zu beachten:

Zum einen muss der Leser vorab in eine bestimmte Richtung gelenkt werden. Es gibt zahllose Möglichkeiten, einen Text zu interpretieren, und das gilt auch für die ausgewählte Geschichte. Um ein Modell für die Interpretation dieser Kriminal-Geschichte zu ermöglichen, müssen also als erstes die "Variablen" eingeschränkt werden. Da es nicht möglich ist, alle Gedanken, die ein Leser beim Lesen der Kurzgeschichte haben könnte, in einem einzigen Modell zusammenzufassen, werden dem Leser zunächst Hinweise gegeben, auf was er beim Lesen des Textes besonders achten muss. (Er weiß vorab, welche potentiellen Täter es gibt und welche Kriterien zur Ermittlung des Täters wichtig sind.) Auf diese Weise soll ermöglicht werden, die Gedankengänge des Lesers in einem zunächst möglichst einfachen Modell abzubilden.

Zum anderen ist es wichtig, das Modell noch zu einem gewissen Teil offen zu halten, so dass der Leser die Möglichkeit hat, Gedankengänge, die nicht in das vorgegebene Modell passen, trotzdem zu notieren. Auf diese Weise kann festgestellt werden, ob das Modell ggf. noch angepasst werden muss, wenn es trotz der zuvor erwähnten Vorgaben dazu kommt, dass viele Probanden die gleichen Anpassungen vornehmen. Sollte beispielsweise eine Mehrheit der Probanden unter den möglichen Tätern eine bestimmte Person ergänzen, muss überlegt werden, warum so viele Probanden diese Personen als potenziellen Mörder sehen und ob er in das Modell aufgenommen werden muss.

Wie bereits beschrieben, sollte das beim Experiment entstandene künstliche neuronale Netz in der Lage sein, auszugeben, was der Leser glaubt, wer der Täter in dieser Kriminal-Kurzgeschichte ist. Diese Berechnung dient zunächst der Verifikation. Es soll geprüft werden, ob das entstandene Netz tatsächlich das abbildet, was der Leser denkt und der Vergleich, ob das Netz genau die Person als Täter berechnet, die auch der Leser für den Täter hält, ist eine gute Möglichkeit, das Modell zu prüfen.

Nachdem das Modell verifiziert werden konnte, folgt die Analyse des entstandenen Netzes. Es stellt sich die Frage, ob aus der Topologie (die gewichteten Verbindungen) des entstandenen Netzes Rückschlüsse auf den Leser gezogen werden können. Um solche Rückschlüsse ziehen zu können, ist es notwendig, das Experiment mit einer großen Anzahl an Probanden durchzuführen. Es ist nicht zu erwarten, dass aus einem Netz sofort eindeutig berechnet werden kann, wie viele Krimis der jeweilige Proband pro Monat liest, oder wie sicher er den tatsächlichen Täter feststellen kann. Es wird viel mehr so sein, dass anhand von großen Stichproben (also vielen Probanden) eine Wahrscheinlichkeit bestimmt werden kann, mit der eine bestimmte Topologie auf einen bestimmten Leser-Typus hinweist. Hier ist also zu untersuchen, wie deutlich oder weniger deutlich eine bestimmte Kennzahl auf eine bestimmte Eigenschaft des Lesers hinweist. Entsprechende Ansätze werden nachfolgend vorgestellt.

Eine mögliche Prognose ist, zu berechnen, ob sich der Leser eher früh oder eher spät während des Lesens der Geschichte auf einen Täter festlegt. Legt sich der Täter sehr früh fest, vielleicht schon nach dem Lesen des ersten Teils der Geschichte? Oder bleibt er für neue Informationen offen und legt sich eher spät fest, nach dem Lesen des dritten oder vierten Teils? Es könnte beispielsweise Anzeichen in der Topologie des Netzes geben, die darauf hinweisen, dass ein Leser eher voreingenommen an die Interpretation der Geschichte heran geht. Vielleicht legt sich dieser Leser-Typus bereits am Anfang der Geschichte darauf fest, dass Mrs. Clayton ihren Ehemann loswerden wollte. Wenn sich diese Meinung tatsächlich bereits an der ersten entstandenen Gewichtsmatrix ablesen lässt, so könnte hier bereits nach dem Lesen des ersten Teils der Geschichte erkannt werden, welcher Proband Mrs. Clayton für den Rest der Geschichte als Mörderin sieht und alle weiteren Informationen ignoriert. Ebenso könnte es möglich sein, anhand der ersten Gewichtsmatrix zu erkennen, ob ein Leser noch offen für neue Informationen ist. Je nachdem, wie die Topologie des Netzes aussieht, kann ggf. gesagt werden, ob das Netz noch in der Lage ist, neue Informationen aufzunehmen. Entsprechend können dann Rückschlüsse darauf gezogen werden, wie gut der Leser noch neue Informationen aufnehmen kann. Ein Wert, der diese Informationen liefern könnte, ist hier der von Klüver und Klüver eingeführte MC-Wert (Klüver, Klüver, 2011). Der MC-Wert (Meaning Processing Capacity) ist das Verhältnis von möglichen Anfangszuständen zu tatsächlich erzeugten Endzuständen eines komplexen Systems. Im Bezug auf künstliche neuronale Netze muss der Wert entsprechend approximiert werden und stellt das Verhältnis der Anzahl möglicher unterschiedlicher Eingabevektoren zu der daraus erzeugten Anzahl unterschiedlicher Ausgabevektoren dar. Auf die genaue Berechnung soll aber an dieser Stelle nicht weiter eingegangen werden. Wichtig ist, dass der MC-Wert angibt, wie sensibel das Netz auf Änderungen im Eingabevektor reagiert. Es kann abgelesen werden, ob unterschiedliche Eingaben häufig zur gleichen Ausgabe führen, oder ob unterschiedliche Eingaben auch zu unterschiedlichen Ausgaben führen. Im Zusammenhang mit dem durch einen Probanden erzeugten Netz kann dieser Wert also gegebenenfalls Aufschluss darüber geben, ob der Leser noch sensibel auf neue Eingaben reagiert, oder ob das Netz bereits so "festgefahren" ist, dass praktisch alle Eingaben zu immer der gleichen Interpretation führen werden. Der MC-Wert ist also ein Kandidat, den Verstehensprozess des Lesers weiter zu analysieren und ggf. Prognosen über den weiteren Verlauf beim Verstehen des Textes zu machen.

Eine weitere Frage, die ggf. vorhergesagt werden kann, ist, wie oft der Proband sich während des Lesens für einen anderen Täter entscheiden wird. Hält er beispielsweise während der ersten drei Teile der Geschichte permanent Major Rich für den Täter, und entscheidet sich dann im letzten Teil für Commander McLaren, oder wechselt er seine Meinung mit jedem Teil der Geschichte, um sich am Ende auf McLaren festzulegen? Diese Art der Interpretation lässt sich zunächst in Klassen einteilen. Insgesamt wird jeder Proband vier Mal aufgefordert, sich zu entscheiden, welche Person der Täter ist. Der jeweilige Täter wird einfach durch einen Buchstaben ersetzt. So würde ein Proband, der über alle vier Teile immer Major Rich für den Täter hält, in die Klasse "A-A-A-A" fallen. Ein Proband, der während des Lesens aller vier Teile Mrs. Clayton für die Mörderin hält, würde ebenfalls in diese Klasse eingeteilt werden. Ein Proband, der hingegen zu Anfangs Major Rich für den Täter hält, sich nach dem Lesen des dritten Teils für Mrs. Spence entscheidet und nach dem vierten Teil Commander McLaren für den Täter hält, würde in die Klasse "A-A-B-C" eingeteilt werden. Somit ergeben sich 15 verschiedenen Klassen von "A-A-A-A" bis "A-B-C-D", an denen abgelesen werden kann, wie oft sich der jeweilige Proband um entschieden hat und wie viele Personen jeweils als Täter in Frage kamen. Als mathematischer Indikator kann hier vermutlich die Stichprobenvarianz dienen. Dabei werden die Werte der Gewichtsmatrix, die sich von Null unterscheiden können (also alle Werte aus der Tabelle des Probanden) als Messwerte einer Stichprobe gesehen. Die Stichprobenvarianz sagt nun aus, wie sehr sich diese Werte voneinander unterscheiden (also, wie stark sie sich um einen Mittelwert herum streuen). Dabei kann angenommen werden, dass ein Netz, das sehr viele ähnliche Werte enthält, noch keine starke Tendenz hat, eine bestimmte Person als Täter zu klassifizieren. Somit wird vermutlich auch der Proband noch nicht sicher sein, welche Person tatsächlich der Täter ist und sich ggf. noch anders entscheiden. Eine sehr hohe Varianz weist dagegen darauf hin, dass bestimmte Informationen in der Gewichtsmatrix sehr dominant gegenüber anderen Informationen gewichtet sind. Hier ist zu erwarten, dass sich diese Informationen auch weiterhin durchsetzen und es nicht so schnell zu einem Wechsel des Tatverdächtigen kommt. Eine geringe Varianz würde also dafür sprechen, dass es häufig zu Täterwechseln kommt, während eine hohe Varianz dafür spricht, dass sich der Tatverdächtige eher nicht ändert, oder erst nach Eingang sehr vieler neuer Informationen.

Eine weitere interessante Frage ist, ob vorhergesagt werden kann, wann sich ein Proband für einen neuen Tatverdächtigen entscheidet. In diesem Zusammenhang kann die Varianz (oder ggf. der MC-Wert) als Verlauf betrachtet werden. Während der Erstellung der Tabellen (also der Gewichtsmatrizen des Netzes in den vier Textteilen) ergeben sich vier unterschiedliche Varianz-Werte. Es kann festgestellt werden, ob die Varianz jeweils sinkt oder steigt. Eine sinkende Varianz könnte hier ein Indikator für eine bevorstehende Meinungsänderung bezüglich des potentiellen Täters sein. In gleicher Weise kann hier auch der MC-Wert zur Prognose herangezogen werden. Ebenso könnte über den Verlauf des MC-Wertes ermittelt werden, wann sich ein Proband endgültig auf einen Täter festlegt. Der Verlauf beschreibt in diesem Fall, wann das Netz mit Informationen "vollgelaufen" ist und keine neuen Informationen mehr aufnimmt. Der entsprechende Rückschluss wäre hier, dass auch der Proband ab diesem Zeitpunkt keine weiteren Informationen aus dem Text mehr bei der Ermittlung des Täters berücksichtigt und seine Meinung nicht mehr ändert.

Aus dem Verlauf der Varianz und des MC-Wertes lassen sich wiederum Klassen bestimmen, die angeben, in welcher Weise sich die Topologie des Netzes (und analog des Probanden) ändert. Steigt beispielsweise die Varianz zwischen dem Lesen des ersten Textteils und des zweiten an und fällt in den beiden darauf folgenden Schritte ab, ergibt sich als Klasse "+ – –". Fängt die Varianz hingegen sehr klein an und steigt stetig, ergibt sich "+ + +". Hier kann untersucht werden, ob die Veränderung der Varianz bzw. des MC-Wertes auf eine bestimmte Leser-Klasse ("A-A-A-B" usw.) schließen lässt. Ebenso wäre es möglich, dass die Veränderung der Topologie einen Hinweis darauf gibt, ob der Leser bereits Erfahrungen mit Kriminalgeschichten gesammelt hat. Ein erfahrener Krimi-Leser wertet die Informationen aus der Geschichte "Die spanische Truhe" höchstwahrscheinlich anders aus, als ein Leser, der bislang noch keinen oder wenige Krimis gelesen hat. Diese unterschiedlichen Interpretationsarten spiegeln sich dann hoffentlich auch in der Topologie der entstandenen Netze wieder, da anzunehmen ist, dass sich die Topologie des Gehirns (die darin gespeicherten Assoziationen und Muster) unterscheiden werden.

3.3 Eine erste Studie

In einer ersten Studie im Rahmen einer Arbeit bei der Forschungsgruppe COBASC habe ich das Experiment aus Kapitel 2 bereits mit 31 Probanden durchgeführt. Ich möchte an dieser Stelle auf die Ergebnisse dieser ersten Studie und die daraus gewonnenen Erkenntnisse sowie die Konsequenzen für das Experiment eingehen.

Zunächst ist anzumerken, dass von den Ergebnissen der 31 Probanden nur 25 für weitere Analysen verwendet werden konnten. Die 6 aussortierten Ergebnisse ließen deutlich darauf schließen, dass die Vorgehensweise beim Lesen des Textes und beim Ausfüllen der Tabellen nicht deutlich genug erklärt wurden. Es wurde ersichtlich, dass nicht nur der einleitende Text angepasst werden musste, sondern dass es auch nötig war, die weitere Vorgehensweise zwischen den einzelnen Textabschnitten genauer zu erläutern. Einigen Probanden war beispielsweise nicht ganz klar, ob die Tabellen, die am Ende der Textabschnitte entstanden waren, übernommen werden, oder ob gänzlich neue Tabellen angelegt werden sollten.

Zu Beginn des Experiments lag außerdem der Fokus darauf, die Topologie der entstandenen Matrizen zu untersuchen um daraus eine Prognose für den weiteren Verlauf der Interpretation zu generieren. Es wurde erst zu einem späteren Zeitpunkt eingeführt, dass die Probanden zusätzlich auch angeben sollten, wen sie tatsächlich für den Täter halten, um das Modell verifizieren zu können. Dabei wurde die Frage, wer nach Meinung des Probanden der Täter ist, erst nach dem Lesen des vierten Teils der Geschichte gestellt. In insgesamt 9 von 12 Fällen war das Netz in der Lage, die Interpretation des Probanden korrekt wiederzugeben. In 2 Fällen war die Entscheidung dabei eher knapp, was bedeutet, dass das Netz einen Ausgabevektor erzeugte, bei dem zwei Tatverdächtige den gleichen Aktivierungswert hatten. Einer von beiden war jeweils die Person, die der Proband auch als Tatverdächtigen angegeben hatte. Genau diese beiden Fälle führten zu der Überlegung, bei der Frage nach dem Mörder die Möglichkeit einzuräumen, dass der Proband angeben kann, dass er sich noch nicht ganz sicher ist. Ebenso besteht natürlich die Möglichkeit, dass sich die beiden Probanden, entgegen der Ausgabe des Netzes, sicher bei Ihrer Entscheidung waren. Hier spielt die Angabe, wie wichtig die einzelnen Kriterien für die Entscheidung des Probanden sind, eine Rollen. Bei gleicher Gewichtung kommt das Netz zwar zu dem Schluss, dass zwei unterschiedliche Tatverdächtige für den Probanden gleich wahrscheinlich als tatsächlicher Täter in Frage kommen. Berücksichtigt man aber die Gewichtung der einzelnen Kriterien, so kann es sein, dass es doch wieder einen klaren Favoriten gibt. Entsprechend wurde das Experiment sowohl um eine Gewichtung der Kriterien als auch um die Möglichkeit der Angabe, ob der Proband sich sicher ist, wer der Täter war, erweitert.

Von den 3 Fällen, in denen das Netz den Tatverdächtigen nicht korrekt identifizieren konnte, sind noch zwei Sonderfälle besonders erwähnenswert, da sie den Aufbau des Experiments ebenfalls maßgeblich beeinflusst haben. Zwei der Probanden gaben nach dem Lesen der vier Textteile an, dass sie der Meinung sind, Arnold Clayton habe Selbstmord begangen. Dies widerspricht natürlich gänzlich der Vorgabe, dass es eine der sechs in den Tabellen angegebenen Personen gewesen sein muss. Zunächst ergibt sich die Frage, wie es zu dieser Interpretation kommen konnte. Zur Klärung gebe ich hier noch einmal die letzten beiden Sätze des vierten Textteils wieder. Hier eröffnet Poirot den Anwesenden seine Rekonstruktion des Tathergangs, bevor er von Inspektor Miller unterbrochen wird.

Poirot: "... An diesem Abend will der verzweifelte, von Eifersucht gequälte Mann Gewissheit erhalten ..."

"Sie wollen doch wohl nicht behaupten, dass er sich selbst erstochen hat?", Millers Stimme klang ungläubig.

Dieser Abschluss des vierten Teils führte vermutlich zu der Annahme, dass die eher ironisch gestellte Frage von Inspektor Miller eine mögliche Option für die Lösung des Falls darstellt. Die beiden Probanden haben u. U. erwartet, dass Hercule Poirot genau das annimmt und fortfährt mit "Und genau das behaupte ich eben doch!" Vielleicht waren die beiden Probanden der Meinung, Arnold Clayton habe, seinem Plan folgend, Major Rich tatsächlich zusammen mit seiner Frau erwischt (immerhin gestanden beide ein, Gefühle für einander zu haben) und nahm sich, unglücklich darüber, anschließend in der spanischen Truhe das Leben. Das ist aber nur eine Mutmaßung. Wie die beiden Probanden tatsächlich zu dieser Interpretation gekommen sind, ist leider nicht mehr in Erfahrung zu bringen. In jedem Fall haben aber beide Probanden gegen Ende der Kriminalgeschichte sämtliche vorab gegebenen Informationen über die möglichen Täter ignoriert. Ebenso ist anzunehmen, dass am Ende des letzten Textteils auch die meisten Informationen des Textes ignoriert wurden. Die beiden Probanden müssen also bis zum Ende des vierten Textteils noch sehr offen für neue Informationen und neue Interpretationsmöglichkeiten gewesen sein. Natürlich hatte das für dieses Experiment konstruierte Netz überhaupt nicht die Möglichkeit, diese Interpretation abzubilden und konnte folglich auch keine passende Ausgabe generieren. Die Interpretation der beiden Probanden fiel schlicht aus dem vorgegebenen Modell heraus. Genau aus diesem Grund wurde das Modell um eine leere Spalte und eine leere Zeile erweitert. So besteht zumindest die Möglichkeit, solche eher außergewöhnlichen Interpretationen noch genauer zu untersuchen.

Man hätte an dieser Stelle überlegen können, den vierten Textteil etwas früher enden zu lassen und die Frage von Inspektor Miller zu streichen, um sie in die Auflösung zu verschieben. Sollte tatsächlich genau dieser Satz bei den Probanden das bisherige Verständnis des Textes umgeworfen haben, so ließe sich dies durch die beschriebene Kürzung vermeiden. Ich habe mich aber bewusst dafür entschieden, diesen Satz nicht aus dem vierten Textteil zu entfernen. Es stellt sich nämlich die Frage, ob die "Selbstmord-Theorie" ein Einzelfall ist, oder ob es auch bei einem Experiment mit weitaus mehr Probanden einen gewissen Anteil gibt, der auf einen Selbstmord schließt. Die dabei entstandenen Tabellen und Angaben könnten dann ggf. Aufschluss darüber geben, wie es zu dieser Interpretation gekommen ist und wann die Entscheidung fiel, von einem Selbstmord auszugehen. Sofern sich herausstellen sollte, dass es mit einer gewissen Regelmäßigkeit vorkommt, dass Probanden von einem Selbstmord Claytons ausgehen, könnten zwei nachfolgende Experiment-Reihen nähere Informationen darüber liefern, wie es zu dieser Interpretation gekommen ist. In diesem Fall würde man bei einer zweiten Probanden-Gruppe den Satz von Inspektor Miller doch aus dem vierten Textteil streichen, um festzustellen, ob tatsächlich genau dieser Satz der Auslöser der Selbstmord-Theorie war. Sollte es entsprechend trotzdem Probanden geben, die von einem Selbstmord Claytons überzeugt sind, muss es natürlich einen anderen Grund für diese Annahme geben. Bei einer dritten Gruppe von Probanden würde man entsprechend den direkt nachfolgenden Satz von Hercule Poirot mit in den vierten Textteil aufnehmen, nämlich:

"O nein, jemand anders hat ihn erstochen."

Bei dieser dritten Version kann dann untersucht werden, ob eine Gegenteilige Behauptung Poirots die Annahme eines Selbstmords im Keim erstickt (bzw. abschließend widerlegt), oder ob sich diese Interpretation trotzdem noch durchsetzt.

Abschließend bleibt anzumerken, dass sich dieses einfache Modell in einem Test in 90 % der Fälle verifizieren ließ. (Sofern man die beiden Sonderfälle, die zunächst generell nicht abgebildet werden konnten, nicht mitzählt. Bei Berücksichtigung der Sonderfälle sind es 75 %.) Diese recht gute Quote zeigt, dass sich weitere Experimente lohnen, um zu prüfen, ob das Modell auch bei einer statistisch relevanten Anzahl an Probanden Stand hält. Für die in Kapitel 3.2 besprochenen Analysen ist es jedoch zwingend notwendig, das Experiment mit weitaus mehr als 25 Probanden durchzuführen, um eine aussagekräftige Auswertung zu erhalten. Die Auswertung der ersten Studie ergab beispielsweise bei Einteilung der Probanden in verschiedene Interpretations-Klassen ("A-A-A-A", "A-B-C-D", etc.), dass die Klasse "A-A-A-B" mit einer Anzahl von 8 Fällen am häufigsten vertreten war und die Klasse "A-A-B-C" mit 5 Fällen am zweit häufigsten. Alle anderen Klassen kamen in der Regel nur ein einziges Mal vor (bis auf wenige Ausnahmen, die zwei Mal oder gar nicht vorkamen). Für die Bestimmung, wie wahrscheinlich ein bestimmter MC-Wert auf den Typ "A-B-A-C" hinweist ist ein einziger Testfall natürlich alles andere als ausreichend. Dieses Problem besteht entsprechend auch bei der Auswertung von Varianz- und MC-Wert-Verläufen. Es konnte allerdings festgestellt werden, dass die Probanden, die am Ende auf den tatsächlichen Täter gekommen sind, in den meisten Fällen (5 von 8) zum Interpretations-Typus "A-A-A-B" gehörten. Das kann natürlich auch daran liegen, dass dieser Typus generell am häufigsten vorgekommen ist. Außerdem hat sich gezeigt, dass eine hohe Varianz der Gewichtsmatrix tendenziell für wenige Wechsel des Tatverdächtigen spricht.

3.4 Weitere Beispiele aus der Welt der Kriminalromane

Das Modell, welches für das in Kapitel zwei beschriebene Experiment verwendet wurde, basiert, wie bereits erwähnt, auf einem Modell von Prof. Dr. J. Klüver und PD Dr. C. Klüver und gehört zu einer Reihe von Modellen, die zeigen, das Verstehensprozesse (am Beispiel der Interpretation von kriminalistischen Texten) durchaus mit Modellen der künstlichen Intelligenz simuliert werden können. Es handelt sich dabei um drei unterschiedliche Modelle, die sich alle auf die Kurzgeschichte "Die spanische Truhe" beziehen und im Rahmen eines Seminars an der Universität Duisburg-Essen verwendet wurden (vgl. Vogt 2005). Diese drei Modelle sollen im Folgenden näher erläutert werden, es handelt sich um ein Expertensystem, ein interaktives neuronales Netz und eine Kohonen-Karte. Für alle drei Modelle gilt die Grundannahme, dass zum Lösen des Falls im wesentlichen die Kriterien "Motiv", "Wissen, wo das Opfer zur Tatzeit sein würde", "Zugang zur Tatwaffe" und "Kein Alibi" zu beachten sind. Genau diese Modellierung des Falls wurde auch in das Experiment aus Kapitel 2 übernommen.

3.4.1 Das Expertensystem

Ein Expertensystem ist ein regelbasiertes System zur Entscheidungsfindung. In einem solchen System werden logische Zusammenhänge in Form von Regeln und Fakten festgehalten, die das System auswerten kann. Auf Basis dieser Regeln und Fakten kann es dann Entscheidungen treffen und sog. Anfragen beantworten. Nimmt man einen Stammbaum als Beispiel, so sind hier die Fakten, welche Personen männlich und welche Personen weiblich sind. Bei einem Stammbaum würde man ebenfalls Eltern-Kind-Beziehungen als Fakten angeben. Als Regel kann entsprechend definiert werden, wann zwei Personen beispielsweise Geschwister sind, da sich diese Information aus den bestehenden Fakten (männlich / weiblich / Eltern-Kind) ableiten lässt. Eine entsprechende Regel würde lauten: "Zwei Personen sind Geschwister, wenn sie dieselben Eltern haben". Eine weitere Verfeinerung könnte sein, eine Regel zu definieren, die aussagt, wann jemand die Schwester von einer anderen Person ist. Hier würde die zuvor erwähnte Regel bezüglich der Geschwister-Eigenschaft wiederverwendet mit dem Zusatz, dass die Schwester weiblich sein muss (wiederum ein Fakt). Also: "Eine Person X ist die Schwester von einer Person Y, wenn gilt: Geschwister(X, Y) UND weiblich(X)."

Auf Basis dieser Angaben kann ein Expertensystem Anfragen verarbeiten und Lösungen zu den gestellten Anfragen liefern. Bei dem vorgestellten Stammbaum-Beispiel könnte eine Anfrage sein, welche Personen innerhalb des Stammbaums die Geschwister einer bestimmten anderen Person X sind. Das System würde dann entsprechend alle Geschwister der Person X als Antwort liefern. Fügt man dem Expertensystem noch weitere Fakten und Regeln über beispielsweise Vererbung und bestimmte Erbkrankheiten, sowie Informationen über das Vorkommen von Erbkrankheiten in einer Familie hinzu, könnte eine Anfrage auch lauten "Mit welcher Wahrscheinlichkeit erkrankt ein Kind von Person A und Person B an der Erbkrankheit K". Das System könnte dann eine entsprechende Prozentangabe zurückgeben.

Das Expertensystem von Klüver und Klüver zeigt, dass es möglich ist, die logische Vorgehensweise des Detektivs Poirot (und auch das Vorgehen eines Lesers) mit einem solchen System abzubilden. Klüver und Klüver skizzieren hier die Lösung des Falls der spanischen Truhe wie folgt.

Zu Beginn der Geschichte liegen nur folgende Informationen vor: Der Ehemann von Margharita Clayton wurde ermordet und in der spanischen Truhe im Haus von Major Rich versteckt. Da Major Rich in Mrs. Clayton verliebt ist, hat er ein Motiv für den Mord. Zu diesem Zeitpunkt gehen die Ermittler davon aus, dass Mr. Clayton vor der Party ermordet wurde. Da Arnold Clayton Major Rich noch vor der Party aufsuchte, vermeintlich um ihm mitzuteilen, dass er aufgrund eines Telegramms aus Schottland nicht auf der Party anwesend ein würde, hat Major Rich für die Tatzeit kein Alibi (ebenso wie der Butler, der Arnold Clayton empfing). Es deutet also alles darauf hin, dass Major Rich der Täter ist.

Während der Ermittlungen findet Hercule Poirot heraus, dass Commander McLaren ebenfalls in Mrs. Clayton verliebt ist und das McLaren sich noch mit Mr. Clayton vor der Party im Klub getroffen hat. Er findet außerdem heraus, dass es das Telegramm mit der Nachricht aus Schottland nie gegeben hat und dass Clayton von den Gefühlen zwischen Major Rich und Mrs. Clayton gewusst haben muss. Das letzte Puzzle-Teil ist die Entdeckung der kürzlich gebohrten Löcher in der spanischen Truhe.

Aus diesen Informationen können einige logische Schlüsse gezogen werden, um den Fall aufzuklären. Genau dieses logische Schließen kann in einem Expertensystem abgebildet werden und wird von Klüver und Klüver in ihrem Expertensystem wie folgt modelliert:

Betrachtet man zunächst das Kriterium "Motiv", so kann festgestellt werden, dass in der Geschichte "Die spanische Truhe" die Liebe zu Margharita Clayton das Motiv für einen Mord an Arnold Clayton ist. Ob eine Person in Margharita Clayton verliebt ist, wird entsprechend als Fakt im Expertensystem hinterlegt. Der Zusammenhang, dass eine Person, die Mrs. Clayton liebt, ein Motiv hat, wird als Regel formuliert, in der Form "Wenn eine Person X in Mrs. Clayton verliebt ist, dann hat Person X ein Motiv". Zu Beginn der Geschichte hat also nur Major Rich ein Motiv für die Tat. Während der weiteren Ermittlungen wird das System entsprechend um den Fakt, dass auch Commander McLaren in Mrs. Clayton verliebt ist, erweitert. Dadurch hat nun auch Commander McLaren ein Motiv.

Für das Kriterium "Zugang zur Tatwaffe" gilt erst einmal, dass nicht gesagt werden kann, wer Zugang zur Tatwaffe hatte. Nachdem Hercule Poirot heraus gefunden hat, dass die Tatwaffe (das Stilett) aus dem Haus der Spences entwendet wurde, wird klar, dass jeder, der Zugang zum Haus der Spences hatte, auch Zugang zur Tatwaffe hatte. Da alle Personen mit Ausnahme des Butlers Burgess zum Freundeskreis der Spences gehörten und im Haus der Spences verkehrten, hatten auch alle Tatverdächtigen mit Ausnahme des Butlers Zugang zur Tatwaffe. Welche Personen Zugang zur Tatwaffe hatten, wird im Expertensystem von Klüver und Klüver einfach als Fakt angegeben (also: zugangZurTatwaffe(jeremySpence), zugangZurTatwaffe(majorRich), etc.).

Für das Kriterium "Kein Alibi", wird das Modell etwas schwieriger. Zu Beginn der Geschichte gilt, dass zunächst alle Tatverdächtigen bis auf Major Rich und der Butler Burgess ein Alibi haben, da die Tatzeit auf "vor der Party" festgelegt wurde. In Expertensystem wird das durch die Fakten "keinAlibi(majorRich)." und "keinAlibi(williamBurgess)." entsprechend abgebildet. Durch die Entdeckung der vor Kurzem gebohrten Löcher in der spanischen Truhe und die Tatsache, dass Arnold Clayton von den Gefühlen zwischen Major Rich und Margharita Clayton wusste, kann geschlossen werden, dass der stark eifersüchtige Mr. Clayton sich in der spanischen Truhe versteckt hat, um seine Frau und Major Rich zu beobachten. Zu diesem Zweck hat er sich die Löcher in die spanische Truhe gebohrt, um in der Truhe Luft zu bekommen. Damit wird klar, dass Mr. Clayton während der Party ermordet wurde und nicht vorher, womit keine der sechs tatverdächtigen Personen mehr ein Alibi hat, da alle auf der Party anwesend waren. Um diesen Schluss in ihrem Expertensystem zu modellieren, definieren Klüver und Klüver zunächst folgende Regel: "Wenn die Tatzeit vor der Party liegt, gilt, dass Major Rich und William

Burgess kein Alibi haben." Damit ist die Ausgangssituation abgebildet. Mit einer weiteren Regel "Wenn die Tatzeit während der Party ist, hat niemand ein Alibi." wird definiert, dass der Fakt "keinAlibi(PersonX)" auf alle Tatverdächtigen zutrifft, wenn geschlossen werden kann, dass die Tatzeit auf den Zeitraum der Party fällt. Als entscheidenden Hinweis auf die Tatzeit dient der Fakt, dass Löcher in der spanischen Truhe sind. Aus diesem wird abgeleitet, dass jemand in der spanischen Truhe Atemluft braucht, was entsprechend auf Arnold Clayton zutrifft, der sich in der spanischen Truhe versteckt. Es ist also nötig, dem Expertensystem neben den Regeln und Fakten, die sich ausschließlich auf das Lösen des Falls beziehen, auch eine Art von sog. Weltwissen mitzugeben. Dieses Weltwissen ist in diesem Fall das Wissen, dass die Motivation, Löcher in abgeschlossene Kartons, Kisten, Deckel oder eben eine Truhe zu bohren, genau die ist, dafür zu sorgen, dass in der jeweiligen Kiste ausreichend Atemluft vorhanden ist. (Jeder, der als Kind einmal Insekten gefangen und in einem Glas mit Blechdeckel aufbewahrt hat, wird wissen, dass man Löcher in den Deckel machen muss, damit die Insekten im Glas atmen können.) Klüver und Klüver geben ihrem Expertensystem dieses Wissen mit, so dass es in der Lage ist, zu schließen, dass die Löcher in der spanischen Truhe darauf hinweisen, dass jemand sich in der Kiste verstecken wollte. Das Expertensystem erhält dazu die einfachen Regeln "Wenn Löcher in der Truhe sind, möchte jemand in der Truhe atmen können." und "Wenn jemand in der Truhe atmen können möchte, dann ist es Mr. Clayton, der sich in der Truhe versteckt.".

(Dazu eine kurze Anmerkung: Klüver und Klüver weisen in ihren Ausführungen darauf hin, dass dieser Zusammenhang durchaus auch komplexer abgebildet werden kann und es sich hierbei um eine vereinfachte Modellierung handelt, die aber den Anforderungen des Expertensystems genügt. Gemeint ist damit, dass an dieser Stelle auch der Schluss "Arnold Clayton möchte in der Truhe atmen können, weil er sich in der Truhe verstecken möchte." eigentlich noch ein wenig komplizierter ist. Hier müsste noch in Regeln und Fakten abgebildet werden, warum Arnold Clayton sich in der spanischen Truhe verstecken möchte. Dabei müsste man entsprechend auf Claytons Eifersucht und sein Motiv, sich Gewissheit über die Treue oder Untreue seiner Frau zu verschaffen, eingehen.)

Mit der Erkenntnis, dass Arnold Clayton sich in der Truhe versteckt hat, kann nun darauf geschlossen werden, dass Arnold Clayton nicht vor der Party, sondern während der Party ermordet wurde. Durch eine entsprechende Regel "Wenn Arnold sich in der Truhe versteckt, war die Tatzeit während der Party" kann das Expertensystem nun darauf schließen, dass keiner der Tatverdächtige ein Alibi hat.

Das letzte Kriterium, "Wissen, wo das Opfer zur Tatzeit sein würde", wird in Klüvers Expertensystem als einfacher Fakt eingeben. Da McLaren ein guter Freund Arnold Claytons war, kann mit dem zusätzlichen Wissen, dass Arnold Clayton sich in der spanischen Truhe versteckt hat, angenommen werden, dass auch McLaren von den Plänen Claytons wusste. Entsprechend wird dem Expertensystem der Fakt "wissen(McLaren)." mitgegeben.

Was den Fall der spanischen Truhe betrifft, hat das Expertensystem nun alle Informationen, die aus dem Text entnommen werden müssen, um auf den richtigen Täter schließen zu können. Zuletzt benötigt das Expertensystem noch das Wissen, dass es bei klassischen Kriminaltexten (insbesondere im vorliegenden Text) um Motive, Zugang zur Tatwaffe und die Gelegenheit, den Mord zu begehen geht. Dazu wird noch die Regel formuliert "Wenn eine Person X ein Motiv hat, Zugang zur Tatwaffen hat, für die Tatzeit kein Alibi hat und außerdem wusste, wo sich das Opfer zur Tatzeit aufhalten würden, dann ist Person X der gesuchte Mörder.". Gibt man nun die einzelnen Fakten nach und nach in das Expertensystem ein (so, wie Poirot sie ermittelt und der Leser sie entsprechend nach und nach mitgeteilt bekommt), bleibt am Ende nur Commander McLaren als einziger möglicher Täter übrig, auf den alle vier Eigenschaften zutreffen.

Für den speziellen Fall der spanischen Truhe konnte das Nachvollziehen des Tathergangs also mit dem beschriebenen Expertensystem modelliert werden.

3.4.2 Das Interaktive Netz

Das zweite Modell von Klüver und Klüver modelliert die Interpretation des Textes mit Hilfe eines speziellen Typs der künstlichen neuronalen Netze, einem sog. Interaktiven Netz. Dabei handelt es sich um ein Netz, bei dem theoretisch alle Neuronen untereinander verbunden sein können (vgl. Stoica, 2000, S. 43 ff.). Damit handelt es sich also um ein feedback Netz, das wie in Kapitel 1.7 beschrieben extern aktiviert wird und anschließend während der Verarbeitung einen Attraktor erreichen soll.

Das Interaktive Netz besteht zunächst aus 10 Neuronen, wobei 4 Neuronen jeweils eines der bereits bekannten Kriterien repräsentiert. Die anderen sechs Neuronen repräsentieren jeweils einen der Tatverdächtigen. Die Informationen aus dem Text werden nun, wie auch im Experiment aus Kapitel 2, in Form von Gewichtswerten eingeben. Wird also während des Verlaufs der Ermittlungen Hercule Poirot klar (bzw. dem Leser während des Lesens), dass auch McLaren ein Motiv für den Mord hatte, da auch er in Margharita Clayton verliebt ist, wird das entsprechende Gewicht für die Verbindung zwischen McLaren und Motiv auf 1 gesetzt (also w(McLaren, Motiv) = 1). Sind alle Informationen in das Netz eingegeben, so wird das Netz durch externe Aktivierung angeregt. Erreicht das Netz während der Verarbeitung einen Endzustand, so kann abgelesen werden, wer der Täter ist. Dabei ist genau die Person der durch das Netz berechnete Täter, deren Neuron eine signifikant größere Aktivierung aufweist, als die anderen Neuronen der Tatverdächtigen.

Klüver und Klüver konnten hier zeigen, dass eine Eingabe aller relevanten Informationen auch hier die Abbildung einer korrekten Interpretation ermöglicht. Allerdings stellten sie fest, dass ein interaktives Netz mit 10 Neuronen an dieser Stelle nicht ausreicht, und wenigstens noch ein elftes Neuron eingefügt werden musste, das das Konzept "Mörder" im Netz repräsentiert. In einigen Versuchen wurden auch Modelle entwickelt, die zusätzlich Neuronen für "Person X ist der Mörder" enthielten. In diesen Netzen wurde dann entsprechend die Aktivierung dieser zusätzlichen Neuronen verglichen. Es konnten auch hier Netze erzeugt werden, die einen Attraktor erreichten, bei denen das Neuron "McLaren ist der Mörder" die signifikant höchste Aktivierung aufwies.

Somit ist gezeigt worden, dass die Interpretation der Kurzgeschichte "Die spanische Truhe" auch mittels eines Interaktiven Netzes abgebildet werden kann.

3.4.3 Die Kohonen-Karte

Kohonen-Karten sind spezielle Arten von künstlichen neuronalen Netzen, die auch als selbstorganisierende Karten bezeichnet werden und nach ihrem Erfinder Teuvo Kohonen benannt sind. Die Neuronen einer Kohonen-Karte werden i. d. R. auf einer zweidimensionalen Karte angeordnet. (Es gibt auch andere Modelle, aber das führt an dieser Stelle zu weit.) Man kann sich eine solche Karte wie ein kariertes Blatt Papier vorstellen, wobei in jeder Stelle, an der sich zwei Linien kreuzen (in jedem "Knoten") ein einzelnes Neuron sitzt. Die Position der Neuronen auf der Karte ist fest und die Neuronen von aneinander angrenzenden Knoten gelten als benachbart. Kohonen-Karten sind in der Lage, Muster nach Ähnlichkeit zu sortieren, ohne dass vorher Zielvorgaben für eine Sortierung gemacht werden müssen. Dabei werden der Kohonen-Karte während des Trainings die zu sortierenden Muster präsentiert. Zu einem Muster wird ein sog. "Gewinner-Neuron" bestimmt, das einen Gewichtsvektor enthält, der dem zu sortierenden Muster (Eingabevektor) am ähnlichsten ist. Der Gewichts-Vektor des Gewinner-Neurons und der benachbarten Neuronen werden anschließend durch die Lernregel so verändert, dass sie dem Eingabevektor (also dem zu trainierenden Muster) ähnlicher werden. Auf diese Weise bilden sich auf der Kohonen-Karte Cluster von ähnlichen Mustern, zu welchen die zu sortierenden Muster zugeordnet werden. Auf der trainierten Kohonen-Karte liegen dann nach dem Trainingsvorgang entsprechend ähnliche Muster nebeneinander, während sich unterscheidende Muster weiter voneinander entfernt liegen.

Ein praktisches Beispiel für eine solche Sortierung durch eine Kohonen-Karte ist die Sortierung von wissenschaftlichen Texten nach Schlagworten, wie sie von Poincot, Lesteven und Murtagh in "A spatial user interface to the astronomical literature" (Poincot, Lesteven, Murtagh, 1998) vorgestellt wurde. Sie verwendeten eine Kohonen-Karte, um wissenschaftliche Texte aus dem Bereich der Astronomie zu sortieren. Durch eine Sortierung nach Ähnlichkeit der Texte sollte erreicht werden, die große Anzahl an wissenschaftlichen Texten in Bibliotheken für Benutzer einfacher zugänglich zu machen. Dabei wurde als Eingabemuster für die Kohonen-Karte ein Vektor aus den Schlagworten gebildet, die in den zu sortierenden Texten jeweils angegeben wurden. Der Vektor jedes Textes enthielt also die Informationen darüber, welches Schlagwort vorhanden war und welches nicht. Dadurch konnten die Texte nach ähnlichem Inhalt sortiert werden, so dass beispielsweise ein Bereich auf der Karte gebildet wurde, in den alle Texte zum Thema "Sterne" einsortiert wurden. Aufgrund der Ähnlichkeit der vorhandenen Schlagworte und der offensichtlich zusammenhängenden Themen befand sich anschließend neben dem Bereich für "Sterne" ein Bereich mit dem Thema "Massenverlust", der bei Sternen beobachtet werden kann.

An dieser Stelle soll nicht vorenthalten werden, dass das Modell von Poincot, Lesteven und Murtagh noch eine sehr clevere Besonderheit aufweist. Bei Kohonen-Karten kann nicht immer vorher gesagt werden, wie viele Neuronen für die Lösung eines konkreten Problems verwendet werden müssen. Im Fall der Sortierung von wissenschaftlichen Texten braucht man beispielsweise so viele Neuronen, wie man Themengebiete erhalten möchte, nach denen die Texte sortiert werden sollen. Dabei ist nicht unbedingt bekannt, welche und wie viele Themengebiete gewählt werden sollten. Es gilt aber allgemein, dass der Algorithmus zum Trainieren der Kohonen-Karte immer langsamer wird, je mehr Neuronen man verwendet. Poincot, Lesteven und Murtagh entschieden sich dazu, die Sortierung der Texte auf der beschriebenen Kohonen-Karte nach Durchlauf des Algorithmus noch einmal zu analysieren. Dabei viel auf, dass einigen Neuronen auf der Karte sehr viele Texte zugeordnet wurden (z. B. Texte mit dem Schlagwort "Sonne"). Für Benutzer, die sich einen Überblick über die zur Verfügung stehenden Texte verschaffen wollten, wäre diese Menge an Texten zu groß gewesen. Daher wurden die Texte noch einmal auf einer eigenen Kohonen-Karte sortiert, wobei die Schlagworte, nach denen die Texte zuvor einsortiert wurden, diesmal ignoriert wurden. So ergab sich eine Untersortierung, nach der die Texte mit dem Thema "Sonne" noch einmal feiner sortiert durchsucht werden konnte. Mit dieser Methode ließen sich die Texte schneller sortieren, als mit einer entsprechend größeren Karte. Für technische Details und weitere Ausführungen verweise ich an dieser Stelle auf den Artikel von Poincot, Lesteven und Murtagh.

Klüver und Klüver modellieren die Interpretation der Kriminal-Geschichte "Die spanische Truhe", indem sie die Fakten (wie aus den anderen Beispielen bekannt) aus dem Text in Form einer sog. semantischen Matrix abbilden, welche die Trainingsmuster für die Kohonen-Karte liefert. Bei einer semantischen Matrix werden in den Zeilen die zu beschreibenden Objekte angegeben, während in den Spalten Eigenschaften angegeben werden, die auf die Objekte zutreffen können, oder nicht. Auf das Beispiel der Kriminalgeschichte angewandt, werden also in den Zeilen die Tatverdächtigen angegeben, während in den Spalten die Kriterien stehen. Die semantische Matrix sieht dann wie folgt aus:

Tabelle 10: Semantische Matrix zur Kohonen-Karte (Vogt, 2005, S. 256)

	Motiv	kein Alibi	Zugang Waffe	Wissen Tat
Rich	1	1	1	0
McLaren	1	1	1	1
Mr. Spence	0	1	1	0
Mrs. Spence	0	1	1	0
Mrs. Clayton	0	1	1	0
Butler	0	1	0	0
Mörder X	1	1	1	1

Neben den sechs Tatverdächtigen fügen Klüver und Klüver in die semantische Matrix noch die Zeile "Mörder" als eine Art Prototyp ein. Nachdem die Kohonen-Karte trainiert wurde, kann abgelesen werden, welche der Personen dem Prototyp "Mörder" am nächsten kommt, da diese Person auf der Karte den geringsten Abstand zum Neuron für "Mörder" haben wird.

Da es sich in diesem Fall um ein vereinfachtes Beispiel handelt, kann bereits an der Tabelle abgelesen werden, welche Person nach dem Training am nächsten zum Prototyp "Mörder" angeordnet werden wird. Das Netz findet auch hier die richtige Lösung, nämlich, dass die Eigenschaften von Commander McLaren am ehesten denen eines Mörders gleichen. Dieses Modell zeigt sehr gut, dass auch Kohonen-Karten gut dazu geeignet sind, derartige Interpretationsvorgänge abzubilden.

3.4.4 Weitere Modelle

Die ersten beiden der drei vorgestellten Modelle wurden von Klüver und Klüver in einem Seminar an der Universität Duisburg-Essen verwendet, wobei sie den Studierenden die Aufgabe stellten, die relevanten Informationen zur Lösung des Falls aus dem Text in das jeweilige System einzugeben, um das System in die Lage zu versetzen, den Fall zu lösen. Die Eingabe der Informationen erfolgte jeweils über die Eingabe von Fakten (Expertensystem) bzw. über das Setzen von Gewichtswerten (Interaktives Netz). Dabei befanden sich die Studenten im Wettstreit mit dem jeweiligen System und es wurde festgehalten, ob die Studenten auf den richtigen Täter kommen konnte noch bevor oder erst nachdem das System den Täter entlarven konnte. Die entsprechenden experimentellen und didaktischen Resultate können in "Medien Morde" nachgelesen werden.

Auf Basis dieser Modelle entstand auch das zweischichtige künstliche neuronale Netz, das in der ersten Studie, deren Ergebnisse in Kapitel 3.3 dargestellt sind, verwendet wurde. Dieses Modell, zu finden in "Social Understanding" (Klüver, Klüver, 2011), wurde entsprechend der beschriebenen Erfordernisse von mir erweitert.

Die bisher beschriebenen Modelle beziehen sich natürlich alle explizit auf die Kurzgeschichte "Die spanische Truhe" und können nur auf die Rekonstruktion und das Verständnis dieses speziellen Textes angewendet werden. Klüver und Klüver zeigen in Ihren Ausführungen (vgl. Vogt, 2005) aber auch, dass es ebenso möglich ist, andere Arten von fiktiven Kriminalfällen zu modellieren. Ein Beispiel ist die Kriminalgeschichte "Mord im Orientexpress" von Agatha Christie, bei der es sich zwar noch um einen typischen "Whodunit" Krimi handelt, bei dem aber ein Kniff dafür sorgt, dass die bisher beschriebenen Modelle nicht zu einer Lösung des Falls kommen können.

In der Geschichte kommt es, wie der Titel schon sagt, zu einem Mord im Orientexpress, der von einem der 12 Reisenden begangen worden sein muss. Bei dieser Geschichte ist ebenfalls wieder Hercule Poirot der ermittelnde Detektiv, der herausfindet, dass alle 12 Reisenden ein Motiv haben, sich aber jeweils gegenseitig ein Alibi geben. Die Logik des beschriebenen Expertensystems würde mit diesen Fakten nicht zu einer Lösung kommen, da eine Person, die ein Alibi hat, nicht der Täter sein kann. Daher führen Klüver und Klüver an dieser Stelle eine neue Regel ein, die das Problem löst und auch Poirots Vorgehensweise entspricht. Es wird geprüft, ob Personen, die ein Motiv haben und tatverdächtig sind, sich gegenseitig ein Alibi verschaffen. Kommt es dabei zu zyklischen Verweisen (z. B. Person A verschafft Person B ein Alibi, während Person B ein Alibi für Person C gibt und Person C wiederum Person A ein Alibi verschafft), so schließt das System, dass keine dieser Personen ein Alibi hat. Diese Regel prüft also alle Tatverdächtige systematisch auf solche Zyklen und erweitert damit das Expertensystem um die Möglichkeit, zu erkennen, dass sich Täter bei einer gemeinsamen Tat gegenseitig ein Alibi verschaffen. In abgewandelter Form können auch die anderen Systeme um diese Regel erweitert werden. Somit kommt das System am Ende zu dem Schluss, dass alle 12

Reisenden den Mord zusammen begangen haben müssen, was letztlich auch Poirots (und damit natürlich die richtige) Schlussfolgerung ist.

In einem weiteren Modell wird gezeigt, dass auch eine Modellierung außerhalb des typischen "Whodunit" möglich ist. Im Roman "Mind Murders" von Janwillem van de Wetering geht es um zwei unterschiedliche Fälle, wobei das Problem des zweiten Falls nicht darin besteht, herauszufinden, wer der Täter ist, sondern herauszufinden, ob es sich überhaupt um einen Mord handelt. Der erste Fall handelt von einem Mann, der von seiner Frau absichtlich in ungewöhnliche und verstörende Situationen gebracht wird (unter anderem inszeniert sie ihren eigenen Mord), um ihm zu schaden, so dass er durch psychischen Stress einen Zusammenbruch erleidet. Da die Frau aber später wieder auftaucht, lag in diesem Fall kein Mord vor. Der zweite Fall handelt anschließend zunächst von einem Mann, der an einem Magengeschwür gestorben ist. Da die Kriminalbeamten aber zunächst trotzdem ermitteln, finden sie heraus, dass auch diesem Mann einige seltsame und verstörende Ereignisse das Leben schwer gemacht haben, die ihn psychisch so stark belasteten, dass er an seiner schweren Krankheit starb. Aufgrund der Erinnerung an den ersten Fall, sind die Kriminalbeamten in der Lage, hinter den Geschehnissen eine Ähnlichkeit auszumachen und führen einen Analogieschluss durch: Hinter den ungewöhnlichen Ereignissen muss auch hier eine Person stecken, die diese Ereignisse inszeniert, um einen kranken Menschen schrittweise psychisch so zu schwächen, dass er an seiner Krankheit stirbt. Also handelt es sich in diesem Fall um Mord und die Suche nach Motiven und Gelegenheiten für die Tat beginnt.

Ein solcher Analogieschluss kann ebenfalls mit Systemen der künstlichen Intelligenz modelliert werden. Klüver und Klüver wählen hier als Beispiel einen bidirektionalen Heteroassoziativspeicher.

Assoziativspeicher sind spezielle künstliche neuronale Netze, die darauf trainiert werden, bestimmte binäre Muster aufeinander abzubilden. Die Muster können später an das Netz als Eingabesignal angelegt werden und erzeugen das zugehörige, trainierte Ausgabemuster. Dabei sind die Assoziativspeicher auch in der Lage, verrauschte Muster bis zu einem bestimmten Maß trotzdem noch wiederzuerkennen. Man unterteilt diese Assoziativspeicher in zwei Gruppen, Autoassoziativspeicher und Heteroassoziativspeicher. Diese Unterteilung bezieht sich auf die Dimension der Eingabe- und Ausgabevektoren. Bei einem Autoassoziativspeicher haben Eingabevektor und Ausgabevektor die gleiche Anzahl an Komponenten (also X Bit in der Eingabe und ebenso X Bit in der Ausgabe). Häufig ist es auch so, dass die Muster von Autoassoziativspeichern auf sich selbst abgebildet werden, so dass die Aufgabe des Assoziativspeichers darin besteht, aus einem verrauschten Muster das Originalmuster wiederherzustellen. Bei Heteroassoziativspeichern unterscheidet sich die Anzahl der Komponenten zwischen Eingabevektor und Ausgabevektor, es werden also unterschiedliche Muster aufeinander abgebildet. Der Begriff "bidirektional" bedeutet hier, dass durch das Netz nicht nur ein Vektor X mit einem Vektor Y assoziiert wird, sondern dass auch die umgekehrte Assoziation, nämlich Vektor Y mit Vektor X, gegeben ist. Die Assoziation funktioniert also in beide Richtungen.

Eine Analogie bilden Klüver und Klüver dadurch ab, dass ein bidirektionaler Assoziativspeicher zunächst mit bestimmten Vektorpaaren trainiert wird. Bei der Eingabe eines neuen X-Vektors wird dann einer der trainierten Vektoren gesucht, der dem neuen Vektor am ähnlichsten ist. Um zu entscheiden, welcher der Vektoren der Ähnlichste ist, wird die Distanz zwischen den Vektoren berechnet. Danach wird der neue X-Vektor an die Gewichtsmatrix des alten X-Vektors angelegt und der daraus generierte Y-Vektor stellt dann die Analogie zum alten (trainierten) Y-Vektor dar.

Am Beispiel der Geschichte von Janwillem van de Wetering bedeutet das, dass die Folge der seltsamen Ereignisse als X-Vektor kodiert wurde und auf einen Y-Vektor trainiert wurde, der wiederum für "geplante Inszenierungen einer bestimmten Person" steht. Wird nun der neue X-Vektor mit der kodierten Folge seltsamer Ereignisse des zweiten Falls mit den trainierten Vektoren verglichen, so ist er dem Vektor des erste Falls am ähnlichsten. Der Y-Vektor, der anschließend als Analogie erzeugt wird, sagt wiederum aus, dass es sich auch in diesem Fall um geplante Inszenierungen handeln muss. Da es sich also um geplante Handlungen mit Todesfolge handelt, ist in diesem Fall von Mord auszugehen.

3.5 Textinterpretation

Um nun das Gebiet der Kriminalgeschichten zu verlassen, soll hier ein allgemeines Modell einer Textinterpretation beschrieben werden. Bei diesem Modell geht es darum, die Verarbeitung der gelesenen Informationen durch ein künstliches neuronales Netz darzustellen, wobei untersucht wird, wie verschiedene Topologien auf die Eingabe der Informationen reagieren. Auch dieses Modell stammt von Klüver und Klüver (Klüver, Klüver, 2011) und wurde in meiner Arbeit "Modellierung hermeneutischer Prozesse durch neuronale Netze" für die Forschungsgruppe COBASC genauer untersucht.

Es handelt sich um ein feedforward Netz, das einen Leser repräsentiert. Der gelesene Text wurde als Eingabevektor modelliert, wobei die Informationen des Textes in einer zufälligen Folge von Einsen und Zweien dargestellt werden. Diese Informationen werden dem Netz in 12 Schritten präsentiert, wobei immer ein bestimmter Teil des Eingabevektors auf den Wert 0 gesetzt wird, was so zu deuten ist, dass die entsprechenden Textteile noch nicht gelesen wurden. Der gesamte Eingabevektor enthielt 40 Komponenten. Im ersten Schritt wurden nur die ersten 8 Komponenten nicht maskiert, die restlichen Komponenten wurden zu 0 gesetzt. In den weiteren Schritten wurden dann immer weniger Komponenten maskiert. So wurden entsprechend im zweiten Schritt die ersten 15 Komponenten nicht maskiert, im dritten Schritt die ersten 21 Komponenten, etc. Auf diese Weise wurde auch modelliert, dass am Anfang eines Textes viele neue Informationen aufgenommen werden, während später immer weniger Neues zum angelesenen Wissen hinzu kommt.

Diese 12 Eingabevektoren wurden dem Netz, das einen Leser repräsentiert, präsentiert. Der Ausgabevektor stellte dabei die entsprechende Interpretation des Textes dar. Es stellte sich die Frage, ob unterschiedliche Netze mit unterschiedlicher Topologie (also unterschiedliche Leser mit anderem Vorwissen oder anderer Aufnahme der Informationen) die Informationen auch anders verarbeiten würden. Zunächst wurde angenommen, dass die Folge der Ausgabevektoren (also die 12 Vektoren, die zu den 12 Eingabevektoren hintereinander generiert wurden) ab einem bestimmten Zeitpunkt konvergiert und sich die Interpretation des Textes nicht mehr ändert. Das bedeutet, ab einem bestimmten Schritt gibt es einen festen Ausgabevektor, der sich auch bei Zugabe weniger neuer Informationen nicht mehr ändert. In den Experimenten konnte gezeigt werden, dass es tatsächlich Netze gibt, die sich so verhalten. Die Ausgabe des Netzes änderte sich ab einem bestimmten Schritt nicht mehr und die neuen Informationen hatten keinen Einfluss auf die Interpretation des Textes mehr.

Um auf den bereits häufig erwähnten Krimi-Leser zurück zu kommen, würde das bedeuten, dass es eine Stelle während des Lesens des Textes gibt, ab dem sich der Leser auf einen Täter festlegt und seine Meinung ab dann auch nicht mehr ändert. Das Modell ist an dieser Stelle nur ein wenig allgemeiner und kann für beliebige Informationen (auch nicht zwangsläufig aus Texten) herangezogen werden.

Es stellt sich nun die Frage, ob an der Topologie der Netze abgelesen werden kann, ob es sich um ein Netz handelt, dass sehr früh eine endgültige Ausgabe generiert oder ob es sich um ein Netz handelt, das eher spät zu einer endgültigen Lösung kommt. Übertragen auf den Leser würde man hier von einer eher fixierten oder eher offenen Meinung zu einem bestimmten Thema sprechen. Beim Krimi-Leser würde man entsprechend unterscheiden zwischen einem Leser, der von Beginn an sagt "Der Mörder ist immer der Gärtner", wie in dem berühmten Lied von Reinhard Mey, und einem Leser, der sich bis kurz vor dem Ende der Geschichte nicht auf einen Täter festlegt. Dabei ist eine frühe oder späte Entscheidung zunächst wertfrei.

Ein Kandidat zur Entscheidung, ob es sich um ein offenes oder ein fixiertes Netz handelt, schien dabei die Varianz der von 0 verschiedenen Werte der Gewichtsmatrix des Netzes zu sein. Wie zuvor beschrieben, kann über die Varianz bestimmt werden, ob es ggf. Strukturen in der Matrix gibt, die deutlich dominant gegenüber anderen Strukturen sind, da sie die Ausgabe mehr beeinflussen, als andere Werte.

Natürlich muss bei diesem Modell auch beachtet werden, wo sich diese Strukturen befinden und wann sie aktiviert werden. In einer Analyse großer Stichproben, bei der Netze unterschiedlicher Varianz mit gleichbleibender Folge von Eingabevektoren getestet wurden, zeigte sich jedoch bereits, dass es einen statistischen Zusammenhang zwischen der Varianz der Gewichtswerte der untersuchten Netze und dem Zeitpunkt der Festlegung der Ausgabe sowie dem MC-Wert der Netze gibt.

Aus diesem Grund werden MC-Wert und Varianz der Netze, die im Experiment aus Kapitel 2 entstanden sind, auch in der Analyse der Ergebnisse verwendet. Da diese Größen Rückschlüsse auf das Verhalten der Netze zulassen (wenn auch nur statistische), stellt sich die Frage, ob solche Rückschlüsse auch bei durch Probanden erstellten Netzen möglich sind.

3.6 Modellierung von Kommunikation mit semantischen Netzen / Verstehen von Nachrichten

Als abschließendes Beispiel möchte ich hier noch die Modellierung der Interpretation von Nachrichten und die Modellierung von Kommunikation durch semantische Netze darstellen, um einen Einblick in weitere Möglichkeiten der Modellierung zu geben. Die nachstehend beschriebenen Modelle gehen ebenfalls auf Klüver und Klüver zurück (vgl. Klüver, Klüver, 2011), wobei die miteinander kommunizierenden Netze in Experimenten von E. Schmieders genauer analysiert wurden und die Verwendung der Netze zur Analyse der Aufnahme von Werbebotschaften von C. Kunz beschrieben wurde.

Wie bereits zuvor dargestellt, können semantische Netze verschiedene Begriffe enthalten, die mit unterschiedlicher Gewichtung miteinander assoziiert sind. Diese semantischen Netze können in Interaktive Netze umgewandelt werden. Dabei werden die verschiedenen Gewichtungen der Assoziationen in eine Gewichtsmatrix übernommen. Die so entstandenen Netze stellen dabei ein empfangendes System dar, das eine Nachricht erhält. Entsprechend stark abstrahiert könnte ein solches System beispielsweise auch eine Person sein, die eine Nachricht erhält (z. B. ein gelesener Text, oder ein gehörter Satz). Eine Nachricht wird in diesem Modell als Vektor dargestellt, der beispielsweise drei Begriffe des empfangenden Netzwerks enthält. Die zugehörigen Neuronen dieser drei Begriffe werden extern aktiviert und die Informationsverarbeitung des Netzes beginnt, bis die Ausbreitung der Aktivität im Netz einen Attraktor erreicht. Aus den wiederum drei am stärksten aktivierten Neuronen wird die Antwort des Netzes in Form eines Vektors gebildet. Dieser Ausgabevektor stellt die Antwort des Systems dar und repräsentiert die Bedeutung oder Interpretation, die die eingehende Nachricht für das System hat. Bei der Modellierung einer Person, die eine bestimmte Nachricht liest, gibt der Ausgabevektor also an, welche Assoziationen die Person mit dieser Nachricht hat und was die Nachricht für diese Person bedeutet.

Natürlich handelt es sich zunächst um ein sehr abstraktes Modell, das jedoch bereits mit einigen Erweiterungen dazu verwendet werden kann, die Aufnahme von Werbebotschaften durch Konsumenten zu modellieren (vgl. Klüver, Klüver, 2011). Dabei enthalten die verwendeten semantischen Netze jeweils Neuronen für Produkte und für Eigenschaften dieser Produkte, mit denen Konsumenten die Produkte assoziieren. Unter der Verwendung einer eigens dafür entwickelten Lernregel konnte simuliert werden, wie sich die Assoziationen der Konsumenten von bestimmten Eigenschaften zu bestimmten Produkten ändern, wenn die Produkte in der Werbung mit diesen Eigenschaften beworben werden. Durch die Lernregel werden (analog zur Lernregel von Hebb) die Verbindungen von Eigenschaften, mit denen ein Produkt häufig beworben wird, zum beworbenen Produkt hin verstärkt. Dadurch ändern sich die Assoziationen innerhalb des Netzes und der Konsument assoziiert das beworbene Produkt stärker mit den in der Werbung dargestellten Eigenschaften, als andere Produkte. Auf diese Weise kann auch die Positionierung eines Produktes am Markt simuliert und analysiert werden. Natürlich musste dazu auch modelliert werden, wie aufnahmefähig das Netz, das den Konsumenten repräsentiert, ist. Es ist wichtig, wie relevant die gegebenen Informationen für das Netz sind. Außerdem kann allein aus dem Interaktiven Netz nicht abgeleitet werden, ob es zum Kauf des Produktes kommen wird. Dazu muss das Modell um ein sog. Aktions-Netz erweitert werden, das simuliert, wie groß der Bedarf nach einem Produkt ist. Auf die technischen Details möchte ich an dieser Stelle aber nicht weiter eingehen und verweise dazu auf "Social Understanding". (Klüver, Klüver, 2011)

In einem weiteren Schritt kann auch simuliert werden, wie eine Kommunikation zwischen zwei solchen aus semantischen Netzen generierten Interaktiven Netzen abläuft. Bei einer Kommunikation muss eines der beiden Netze zunächst extern mit einem zuvor generierten Eingabevektor aktiviert werden. Wie weiter oben beschrieben, hat dieser Vektor im konkreten Beispiel drei Komponenten, bei komplexeren Modellen können das auch mehr Komponenten sein. Das Netz berechnet dazu einen Ausgabevektor, der genau so viele Komponenten hat, wie der Eingabevektor. Die so generierte Bedeutung wird dem zweiten Netz als Nachricht geschickt, dass wiederum eine Bedeutung zu dieser Nachricht generiert. Die Antwort des zweiten Netzes dient dann wieder als Nachricht, die an das erste Netz zurück gesendet wird. Auf diese Weise kommunizieren die Netze miteinander.

Im einfachen Fall enthalten dabei beide Netze die gleichen Begriffe, die aber mit unterschiedlichen Gewichten miteinander assoziiert werden. Unter Anwendung der Lernregel zur Änderungen der Gewichte bei häufig gesendeten Nachrichten kann hier simuliert werden, wie die Netze sich gegenseitig beeinflussen und jeweils ihre Assoziationen auf den Kommunikationspartner übertragen. Auf diese Weise kann auch simuliert werden, wie es zur Entstehung von sog. einseitigen Weltbildern kommt, nämlich durch die kontinuierliche Sendung der immer gleichen Botschaften durch das soziale Umfeld (in diesem Fall durch mehrere einseitig geprägte Interaktive Netze repräsentiert).

In einem erweiterten Modell können die Kommunikationspartner auch unterschiedliche Begriffe enthalten. So könnte ein Netz beispielsweise Paris, den Sohn des Priamos aus Homers Ilias, als sog. Zentralbegriff beinhalten. Mit Zentralbegriff ist dabei der Begriff gemeint, zu dem alle anderen Begriffe eine Verbindunghaben. Ein weiteres Netz könnte als Zentralbegriff ebenfalls Paris enthalten, allerdings mit der Bedeutung als Hauptstadt Frankreichs. Die beiden Netze würden dementsprechend unterschiedliche Begriffe mit dem jeweiligen Zentralbegriff assoziieren. Während das erste Netz Begriffe wie "Troja", "Ajax", "Priamos" und "Helena" enthalten wird, kommen im zweiten Netz vermutlich Begriffe wie "Frankreich", "Eifelturm", "Louvre" und "Arc de Triomphe" vor. Wenn diese beiden Netze über den Begriff "Paris" miteinander kommunizieren, werden sie die Nachrichten des jeweils anderen zunächst nicht verstehen können, da sie die jeweiligen Begriffe, die in den Nachrichten aus drei Komponenten enthalten sind, bis auf den Begriff "Paris" nicht kennen. Durch eine Lernregel von Klüver und Klüver kann hier modelliert werden, dass die Netze die bislang unbekannten Begriffe nach mehrmaligem Empfangen in die eigene Struktur aufnehmen. Durch das mehrfache wiederholen der Nachrichten lernen die Netze also die Bedeutung der Begriffe, wie sie der jeweilige Kommunikationspartner meint und sind anschließend in der Lage auch die bisher unbekannte Bedeutung des Begriffs Paris zu verstehen.

In einem nächsten Schritt lassen sich diese Modelle auch um die Relevanz von Nachrichten erweitern. Damit kann simuliert werden, dass bestimmte Nachrichten für ein Netz eine größere Relevanz besitzen, als andere Nachrichten, wodurch die Inhalte von Nachrichten mit höherer Relevanz eher aufgenommen werden, als Nachrichten mit geringerer Relevanz. Entsprechend werden auch die Strukturen des Netzes schneller bzw. stärker angepasst, wenn die empfangenen Nachrichten eine höhere Relevanz besitzen. Auf eine reale Person übertragen bedeutet Relevanz, dass eine Nachricht eine hohe Relevanz besitzt, wenn sie tatsächlich eine Neuigkeit ist, für die sich die jeweilige Person auch interessiert, während eine niedrige Relevanz zeigt, dass die Nachricht entweder nicht neu oder für die Person eher uninteressant ist. Für eine detaillierte Beschreibung dieser und weiterer Modelle verweise ich auf "Social Understanding" (Klüver, Klüver, 2011).

3.7 Ausblick

Wie in diesem Kapitel gezeigt wurde, gibt es eine ganze Menge an Möglichkeiten, um Verstehensprozesse durch Modelle der künstlichen Intelligenz abzubilden. Die beschriebenen Modelle bilden natürlich nicht einen "allgemeinen Verstehensprozess" ab, sondern sind für ein bestimmtes Gebiet konstruiert. Im jeweiligen Rahmen können diese Modelle aber für Simulationen und Analysen herangezogen werden und spiegeln wichtige Eigenschaften realer Verstehensvorgänge wider, wie u. a. am Beispiel der kommunizierenden Interaktiven Netze gezeigt werden konnte.

Neben der Möglichkeit, bekannte empirische Phänomene (wie das Entstehen einseitig geprägter Weltbilder) abzubilden und zu erklären, können aus den daraus entstandenen Modellen auch neue Erkenntnisse über Verstehensprozesse gewonnen werden. Durch die Verwendung dieser Modelle in Experimenten mit menschlichen Probanden entsteht die Möglichkeit, Analysen an "realen Netzen" durchzuführen. Bei diesen Analysen muss sich erst noch zeigen, ob es möglich ist, allgemeingültige (ggf. statistische) Gesetzmäßigkeiten über Verstehensprozesse zu formulieren. Es könnte ebenso möglich sein, dass sich die einzelnen Ergebnisse nur als Fallstudien anhand der Modelle nachvollziehen lassen, ohne einer allgemeingültigen Gesetzmäßigkeit zu folgen.

Desweiteren ist es möglich, dass die Analysen der Experimente, wie sie in Kapitel 2 beschrieben sind, ein tieferes Verständnis für die zu Grunde liegenden Modelle ermöglichen. In den Experimenten soll beispielsweise untersucht werden, ob prognostiziert werden kann, wann ein Proband sich auf einen Täter festlegt. Unter anderem soll dazu der MC-Wert des erzeugten Netzes verwendet werden, der einen Hinweis darauf liefert, ob das Netz eher generalisierend oder diskriminierend arbeitet. Es ist zum Beispiel denkbar, dass am MC-Wert abgelesen werden kann, wann ein Netz nicht mehr aufnahmefähig für neue Informationen ist. Somit könnte dieser Wert auch beim Training von künstlichen neuronalen Netzen verwendet werden, um zu entscheiden, ob das Netz noch in der Lage ist, neue Informationen aufzunehmen. Es könnte also entschieden werden, ob ein Netz ggf. zu klein für die Lösung eines Problems dimensioniert wurde. Ein bekanntes Problem ist hier die richtige Wahl der Anzahl der Neuronen in den Zwischenschichten bei feedforward Netzen mit mehr als zwei Schichten. Die Beobachtung des MC-Wertes während des

Trainings könnte also einen Hinweis darauf geben, ob die Anzahl der Neuronen ausreichend ist.

Ebenso ist denkbar, dass die Entwicklung der Netze (während des Lesens der vier Textteile) einen Hinweis darauf liefern, wann Netze noch offen für neue Informationen sind, und unter welchen Bedingungen sie neue Informationen nicht mehr aufnehmen. Daraus könnte dann für das Training künstlicher neuronaler Netze abgeleitet werden, wie die Netze am günstigsten zu initialisieren sind, ebenfalls ein bekanntes Problem beim Training künstlicher neuronaler Netze. Je nachdem, wie ein Netz initialisiert wird, ist es während des Trainings unter Umständen nicht in der Lage, alle Trainingsmuster korrekt abzubilden, während es bei einer anderen Initialisierung alle Trainingsmuster problemlos lernen kann. Informationen darüber, welche Gewichtswerte am Anfang günstig sind, und welche nicht, ersparen an dieser Stelle ein mehrfaches Trainieren eines Netzes mit unterschiedlichen zufällig gewählten Initialwerten.

Die Möglichkeit der Modellierung und Analyse ist also gegeben, und das in Kapitel zwei beschriebene Experiment ist eine von vielen Möglichkeiten, auf dem Gebiet der Modellierung und Analyse von Verstehensprozessen neue Erkenntnisse zu erlangen, sowohl in Bezug auf die Modelle, als auch in Bezug auf den Menschen.

LITERATURVERZEICHNIS

Christie, A., 2007: Der Unfall und andere Fälle, Fischer Verlag, Frankfurt am Main, 82–136.

Hebb, D. A., 1949: The organization of behaviour. New York: Wiley.

Kruse, R., Borgelt, C., Klawonn, F., Moewes, C., Ruß, G., Steinbrecher, M., 2011: Computational Intelligence, Vieweg + Teubner Verlag, Wiesbaden.

Klüver, J., Klüver, C., 2011: Social Understanding: On Hermeneutics, Geometrical Models and Artificial Intelligence, Springer Verlag, Dordrecht (NL).

McCulloch, W. S., Pitts, W., 1943: A logical calculus of the ideas immanent in nervous activity. Bulletin of Mathematical Biophysics 5: 115–133.

Poincot, P., Lesteven, S., Murtagh, F., 1998: A spatial user interface to the astronomical literature, Astronomy & Astrophysics Supplement Series: 130, 183–191.

Stoica, C., 2000: Die Vernetzung sozialer Einheiten. Hybride Interaktive Neuronale Netzwerke in den Kommunikations- und Sozialwissenschaften. Deutscher Universitätsverlag, Wiesbaden.

Vogt, J., 2005: Medien Morde, Wilhelm Fink Verlag, München, 242–268.

Wetering, J. van de, 1984: Mind Murders, Pocket Books.

Widrow, B., Hoff, M. E., 1960: Adaptive Switching Circuits, Western Electric Show and Convention Record, IRE, New York, 96–104.

Zell, A., 2000: Simulation neuronaler Netze, Oldenbourg Verlag, München.